nagasaki business

「どうすりゃいいのさ!
親父さん」
僕らは二代目経営者

だれも教えてくれなかった社長業

Yoshihiko Ichikawa
市川善彦

長崎出版

まえがき

本書は98年に発刊した「親から引き継いだ『小さな会社の社長業』」の改訂版です。私は24歳の時に創業した警備保障会社を、今年で32年間経営してきました。資金もコネもスポンサーもない一警備員からの出発でしたので、当初は苦労の連続。

2年間は私の役員報酬は限り無くゼロに近い状態でした。周囲からは3年も持たないと酷評されたものです。しかし、コツコツと経営を続けてきた結果、いつのまにか私の会社は、小さいながらも福岡市の中心部に本社ビルを持ち、社員寮も博多駅前に購入し、借入金もゼロの完全無借金経営で、小さな優良企業となっていました。

土地や株で大儲けしたわけでもなく、とりたてて好況業種というわけでもありませんし、売上が急激に伸びたこともありません。ただコツコツと32年間本業を続けてきただけなのです。仕事がら、たくさんの警備員さんに働いていただいており、創業以来、アルバイトさんを含めると、1000名をこえる人々とご縁がありました。

警備員さんの前歴は、高校の校長先生だった人や大手企業の元支店長さん、自称小説家の先生、ミュージシャンと実に多様な人たちで、私もどれだけ勉強になったかわかりません。

バブル崩壊では、何人もの中小企業の社長さんが、事業不振で倒産し、会社も信用も財産も名誉も失って、私の会社に警備員として入社。今、必死に働いています。話を聞いていると、私自身も中学生の時に父が事業で失敗し、一家離散となった経験を持っていますので、どれも身につまされることばかりです。しかし、つまるところ、倒産の原因はすべて経営者にあるのであり、決して責任転嫁して、世の中に甘えることはできないのです。

21世紀に入って、日本の経済も曲り角にきており、経営者の舵取りは大変難しくなっています。

本書は、すべて私の体験をもとに、小さな会社の舵取りを解説しました。中小企業の経営は多種多様です。経営の実務も多種多様でいいのです。ただし、漫然と経営していれば、いずれ倒壊が待っています。

本書が、これから事業を継承されようとする皆様や、すでに第一線で活躍されている若手経営者の皆様の経営指針づくりのお役にたつことを、心より願っております。

目次

第3章 経営の基礎力を徹底的に身につけよう

第4章 経営実務のカンどころ

第5章 労務管理を徹底的に学べ

第1章

自分のタイプを知ろう

自分のことをもっと知ること

不透明な世の中を反映して、どこの経営セミナーも、熱心な経営者や幹部社員であふれています。

たしかに、素晴らしい講義を受けて、自社の経営に役立てることは、望ましいことだと思います。

しかし、安易に大手企業や経営コンサルタントの経営理念や運営方法を自分の会社に持ち込んで、とりかえしのつかない失敗をする中小企業の経営者もあとをたちません。

会社にはレベルというものがあり、家族経営程度の会社が、いきなり日本を代表する大手企業の手法を持ち込むこと自体に無理があるといえます。子供がおいしいものを食べすぎて、消化不良をおこすのと同じ理屈です。

また、セミナーの先生や経営者が素晴らしい経営理念の持ち主で、その道の成功者であったとしても、自分のタイプと違う先生の話は参考程度にとどめ、心酔しない方が無難です。

たとえば、果敢な決断力と行動力で社員をグイグイ引っ張り、信賞必罰をハッキリさせる織田信長タイプの成功者のマネは、慎重で重厚な徳川家康タイプの経営者にはできません。逆に、忍耐や我慢の経営である家康タイプの成功者のマネも、短気でワンマンな織田信長タイプの経営者にできるはずもありません。

中小企業の経営者は自分のタイプを知り、長所を伸ばし、短所を長所に変えていく努力が必要です。

自分と同タイプの師を見つけて、教えをこうことも事業成功への近道だといえます。

自分のタイプを知ろう

経営者は、戦国の覇者にたとえると、大きく四つのタイプに分類されます。自分のタイプを知ることは、今後の経営実務に大きく影響します。

もちろん、複合型の人も多いでしょうが、この場合、基本性格で荒づかみして頂きたいと思います。最近は、自分でできる深層心理テストなども発売されていますので、客観的に自分自身を判断することも比較的容易になりました。

第一、織田信長タイプ　「鳴かぬなら殺してしまえホトトギス」

【○長所】卓越した行動力　果敢な決断力　広大な視野　明せきな頭脳

【×短所】短気　ワンマン　わがまま　冷酷

第二、豊臣秀吉タイプ　「鳴かぬなら鳴かしてみようホトトギス」

【○長所】苦労人　卓越した徳望の人　陽気　努力家　先見力あり　直情的

【×短所】老醜の人　後半生疑心暗鬼の人

第三、徳川家康タイプ　「鳴かぬなら鳴くまで待とうホトトギス」

【○長所】忍耐　我慢の人　明晰な頭脳　偉大なる管理者　長生き

【×短所】策謀家

第四、明智光秀タイプ　「時は今あめが下知る五月哉」

【○長所】卓越した政治的能力　優秀な官僚　才気の人

【×短所】才気走る　忍耐力に欠ける

第五、その他のタイプ

便宜上、長所と短所に分類させてもらいましたが、本来、性格の長所は表裏であり、ある時は長所に、またある局面では、短所に作用しますので一概に短所は欠点であるとはいえません。

織田信長タイプ

さて、織田信長タイプですが、創業者に多く見られるタイプで、強烈な個性で社員をグイグイ引っ張って行く、バイタリティあふれるやり手経営者を多数排出しています。

流通業界に革命をもたらしたダイエーの中内元社長をはじめ、絶大なカリスマ性を持った大企業の創業経営者に多く見られるタイプですが、反面、ワンマンが過ぎて倒産の憂き目を見た経営者も少なくありません。

100円ガスライターで一世を風靡したT社のN社長は、公私混同でファミリー企業に多額の債務保証をして上場会社を倒壊させましたし、同じくコンピュータソフトウエア開発者のM社長も、無謀な設備投資で大企業を倒産に追い込みました。

また、反逆者が出やすいのもこのタイプの特徴で、次々に子がいの社員に独立され、仕事も人材も持っていかれたなどという経営者はいくらでもいます。最近の賞味期限改竄などの企業不祥事発覚も全て内部告発です。経営者はワンマンでもいいのです。

しかし、ワンマンが過ぎて、他人の意見を無視し、知らず知らずに取り巻きをイエスマンで囲み、暴走してはならないのです。

自分はこのタイプだと判断したら、他人の意見に耳をかたむける忍耐力を養い、耳の痛い忠告にも決して怒らず、社員をむやみに罵倒するような短気を謹まねばばりません。まして、二代目であるあなたには、先代のようなカリスマ性は備わっていません。

反逆されるのは、すべて自分の責任です。本来の性格を活かし、会社を大きく伸ばして頂きたいと思います。

カッとなった時は「平常心！」「平常心！」と何度も口に出して心を落ちつかせてください。

豊臣秀吉タイプ

豊臣秀吉タイプは、徒手空拳、裸一貫から、努力と根性で叩き上げた職人肌の創業社長に多く見られます。

燃える野心を現実化させるたくましさと、どことなく憎めない陽気さや明るさを兼ね備えていて社員を魅了させてしまい、親父のためならとやる気にさせるのがこのタイプの特徴です。

このタイプからは、世界のナショナルを一代で築き上げた松下幸之助氏をはじめ、電報配達から身をおこし、ついに世界一の鉄鋼王となったアンドリュー・カーネギー氏など偉大な先駆者をあげることができます。

苦労人のためか、人を思いやる温かい心の持ち主で、社員を大事にしますが、意外に内心孤独な人が多いのです。

このタイプで人生に成功し続けるためには、成功しても決しておごらぬ心と、世の中に感謝すること。そして、社会を明るくするために、なんらかの方法で奉仕還元していくことを考えねばなりません。

自己顕示欲や名誉欲で、社会奉仕をしてはならないのです。今太閤ともてはやされた、経営者や政治家もたくさんいましたが、太閤秀吉と同じく、富に埋もれながら、後半生、疑心暗鬼となり、老醜をさらした人も少なくありません。

ミニ太閤の中小企業の経営者の中には、一時の成功に有頂天となり、黄金の茶室ならぬ純金の時計、高級外車、側室(二号さん三号さん)だとうつつをぬかし、バブル崩壊後、多額の借金だけが残り、悲鳴を上げている人も少なくありません。

このタイプの経営者は、持ち前のやる気と明るさを全面に押し出し、勝利に酔いしれることなく、目標を高く持ち、一歩一歩前進することが成功へのパスポートなのです。

徳川家康タイプ

徳川家康タイプは、明晰な頭脳を持って、時代を先読みしながら、充分に準備期間をおき、部下を活用して下調べや根回しをしつつ、少しずつ地盤固めをして、負けることのない状態をつくってから、はじめて大きな勝負に出る慎重な経営者で、このタイプの人は反省心が強く、失敗から多くを学べる特質を持っています。

自己管理に厳しく、健康管理などにも多分の注意をはらい、長生きの人が多いのです。家康は、自ら薬を調合し、人一倍健康に留意し、最後まで生き残って、ついに戦国の覇者となりました。現代の大手企業の経営者は、家康タイプが主流となっています。

しかし、忍耐強く、打たれ強く、管理能力に優れ、失敗がないということは、大企業のサラリーマン社長には最適なタイプかも知れませんが、生き馬の目を抜く中小企業の世界では通用しないことも多いのです。

プロ集団を誇る大企業ならば、部下を活用して迅速な情報収集も可能でしょうが、中小企業では、社長の即断即決が明暗を決める局面が多く、慎重な家康タイプが、必ずしも成功しているとはいいがたいのです。

このタイプの経営者は、元来「石橋を叩いて渡る」慎重型ですから、時には無謀と思えるくらいの勝負をかけるのもいいかもしれません。それでも人の意見を良く聞くタイプですので、本人が思うほど無謀な勝負はできないことが多いのです。

また、このタイプは、策をめぐらし墓穴を掘ることも多いので、注意が必要です。

明智光秀タイプ

明智光秀タイプは、頭脳明晰で才気あふれる大手企業のエリートサラリーマンや、官庁のエリート公務員を連想させます。同期の誰よりも昇進が早く、周囲の羨望の的ですが、それでも決しておごることなく、部下の面倒も良くみて人望も厚いタイプです。

一見非の打ち所のない性格で、経営者としても立派に大成しそうですが、このタイプで大手企業を辞めて独立して成功した人は極めて稀です。

なぜでしょうか？一概にはいえませんが、このタイプは、子供の頃より利発で、周囲の期待も大きく、本人も期待に応えようと努力を続けた、いわゆる知識人、良識人であることが多く、理不尽な中小企業の世界に適合しなかったのがその理由だと思うのです。

たしかに、優れた手腕を発揮して、大手企業や官庁で要職についていたのですから、当然独立してもっと力を発揮しようと考えても無理はありません。独立してもしばらくは、仕事は、祝儀の意味でもらえるのですが、ここに落とし穴があるのです。

一年、二年するとだんだん売上が落ちてきて、ようやく自分の実力ではなく、大手企業や官庁の看板と肩書きがものをいっていたことに気づくのです。

また、極めて恵まれた環境で育ったために忍耐力に欠け、逆境やストレスに弱く、反動で思いもよらぬ行動に出ることがあります。いったん快楽を覚えると、とことん墜ちていくエリート官僚、ノイローゼになり衝動的に自殺に走るエリートサラリーマンなど、いくらでも例をあげることができます。

明智光秀も、知識や良識ではとうてい計ることのできない傍若無人な織田信長ではなくて、知識や良識が充分通用する往年の足利将軍家や公家に仕えていれば、有能な高級官僚として歴史に名をとどめたであろうと思うのです。忍耐の限度を越えて本能寺の変を起こしたのでしょうが、とても天下をおさめる器量ではなかったのです。

知識や良識や学歴は、決して万能ではありません。帝王学を受けた二代目経営者には、この良識タイプの人が多いので注意してください。事業を継承して急激に売上が伸びたとしても、それは祝儀だと考えて、決して自分の実力などとうぬぼれてはいけないのです。

知識や良識や学歴はサラリーマンや官僚の世界では大きな武器となってあなたを保証してくれますが、企業家の世界では、過去の経験に基づく常識の枠をはるかに越えた発想や行動力がものをいうのです。知識や良識から一歩も出られず、脱落する秀才になってはいけません。

このタイプの経営者は、柔軟な発想と忍耐力を養い、苦労を喜びとして人格を磨くとともに、スポーツや趣味でストレスを解消していくことが大切です。

第5のタイプ

さてあなたは、四つのタイプのどれにあてはまるでしょうか。中には「おれはどのタイプでもない。おれはおれだ」といい切る人もいると思います。こういう人は第五のタイプです。

他人のいうことを鵜呑みにせず、先人と違った道を選び、果敢にチャレンジしていくベンチャー企業の経営者に多くみられます。

安全と水はタダという常識を覆し、わが国にセキュリティ警備を根づかせた、セコムの創業者飯田亮氏をはじめ、このタイプの人は誰にも負けないバイタリティを持っています。

明治22年創業のカルタ屋を、世界的電子ゲームメーカーに育て上げた任天堂社長など、このタイプは既製の概念にとらわれない独自の発想で、斜陽の業種でも好況業種に変えてしまう力強さを持っています。二代目経営者としては、申し分ありません。

後継者がこのタイプだったら、先代はサッサと隠居して老害をまきちらさないようにすべきです。

ただし、漫然とどのタイプでもないようだという人は、経営者として優柔不断で、むしろ失格者タイプであるということを付け加えておきたいと思います。

第2章

自分の会社の実力を知ろう

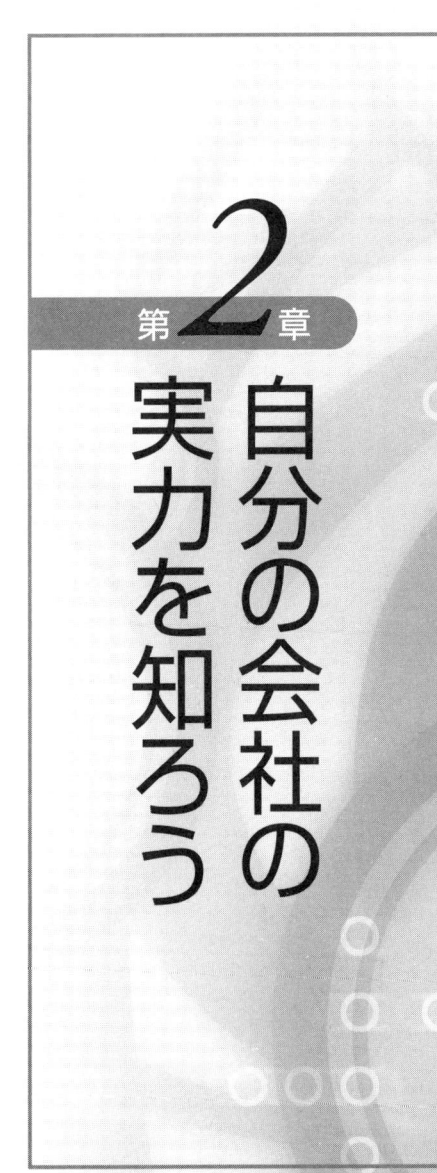

地道な努力が必要な中小企業の世界

第1章でもふれたように、会社にはレベルというものがあり、いきなり段階を飛び越えて、突然会社が大きくなるということは基本的にありません。

最近のベンチャー企業の中には、創業数年で眼を見張る成長をとげた会社もたしかに存在しますが、綱渡りのような資金繰りや山積する諸問題にほんろうされ、短期間で泡のように消えていった会社も多数存在することを忘れてはいけません。

あなたが、いかに卓越したアイデアと行動力の持ち主であったとしても、三段飛びのような成長は、決して期待してはいけないのです。

功を焦らず一歩一歩レベルという階段を上がって行く努力が必要です。中小企業の場合は、各段階で学ぶべき要素がたくさんあります。

たとえば、年商3億円程度までなら、家族経営的運営でも充分対応できると思いますが、5億円、10億円となっていくには、どうしても生業から企業への脱皮が必要となります。学ぶべき段階を飛び越えて急成長した会社と経営者は、意外に致命的欠陥をかかえていることが多いものです。

急成長する企業を尻目にコツコツ努力を続けた会社と経営者が、いつのまにか、はるか高みに上がっていたということは、中小企業の世界ではよくあることなのです。

私の会社は、創業以来急激に売上が伸びたことが一度もありません。しかし、コツコツと経営を続けてきた結果、ふと後を振り返ってみると、いつのまにか完全無借金経営で、小さいながらも本社ビルや社員寮を保有する会社となっていました。

個人的にも、三畳一間の間借からスタートした私が、今では91坪の土地に50坪の家を建てて住んでいます。他にも土地を保有していますが、ローンは、全額完済して、無借金の生活をエンジョイしているのです。

千里の道も最初の一歩からはじまるのです。あなたも、焦らずに地道な努力を続けてください。それが、小さな会社の成功へのパスポートなのです。

あなたの会社の年商はどのくらいですか？

中小企業の経営者は、なぜか売上高にこだわる傾向があります。たしかに、売上が同業他社より多いということは、誇るべき要素の一つではあります。しかし、売上が多い会社イコール優良企業では決してありません。日本の企業の年商トップグループは、上場企業に代表されるのでしょうが、近年の30年間に倒産した上場企業は、実に１００社にのぼるそうです。

売上の大小は、実力を計る、一つの物差しにすぎません。

売上高１００億円を越えて、はじめて一人前の企業だといえるのだという有名な経営コンサルタントもいますが、目標を高く持てということであって、その言葉を額面通りに受け止めて、卑屈になる必要はさらさらありません。

売上がいかに多くとも、青息吐息の会社はいくらでも存在します。今年よりも来年と売上を伸ばすように努力することはもちろん大切ですが、売り上げ至上主義者にだけは決してなってはならないのです。

売上高のみを見て、同業各社といたずらに競争して、勝った負けたと一喜一憂している中小企業経営者は意外と多いものです。

木を見るのは結構ですが、しっかりと森を見て、本質を見失わないようにすることが必要なのです。

売上高に固執する経営者は、一般的に経費の管理に無頓着な人が多く、売上を伸ばすことのみが、会社を伸ばすことだと錯覚しているものなのです。

売上至上主義の経営は、つまづく危険性と常に隣合わせであることを知っておいてください。

あなたは大名ですか？それとも旗本、御家人ですか？

自分の会社の実力を知る一つの要素として、売上高があることは前項でのべたとおりです。会社経営は、江戸時代の藩経営にたとえるとわかりやすいので、ここでは年商を大名の石高にあてはめて、説明してみようと思います。

江戸時代、一万石以上の所領を領する将軍直属の武士を大名、それ以下の武士を旗本・御家人と称していたことは、良くご存じだと思います。では、一万石とは、現在の貨幣価値に換算すると、いったいいくらくらいになるのでしょうか？

一石＝100升＝140キロ、仮に1キロ400円とすると、400円×140キロ＝56000円。江戸時代は五公五民が普通でしたから、その半分、一石＝28000円くらいと考えるのが、妥当と思われます。とすると一万石は、現在の2億8000万円。

江戸時代は万年インフレでしたので、現在と良く似た世相の元禄時代と比較すると、将軍綱吉の大老、柳沢吉保は、甲府15万石余の年商42億円余の中小企業の社長さん。ご存じ、忠臣蔵の浅野内匠頭長矩《あさのたくみのかみながのり》は、赤穂5万石の年商14億円の中小企業の社長さん、また、大石内蔵助は、1500石とりですので、年商4200万円の専務取締役さんとなるわけです。

さて、あなたは、何万石の殿様でしょうか？あるいは、何千石の旗本、御家人でしょうか？しかし、会社経営と同じで、石高の大きい大藩（大企業）が、必ずしも内容が良いとはいえず、むしろ小藩（中小）にキラリと光る藩経営が目立ちます。

赤穂、浅野家の塩田開発、対馬、宗家の対韓貿易、米沢、上杉鷹山公の藩政改革（経営改革）等、中小企業経営者の学ぶべきことはたくさんあります。

小藩の二代目藩主、三代目藩主（社長）であるあなたの力量が、藩（会社）の命運を決めるのです。お家断絶（倒産）すれば、藩士（社員）と領民（その家族）は路頭に迷うのです。いたずらに加増（売上増大）を追求するのではなく、業界のダンピング攻勢等に負けない、バランスのとれた経営を心がけたいものです。

あなたの会社の資本金はいくらですか？ 従業員は何人ですか？

中小企業の経営者は、売上高の次には、資本金の額と従業員の数で優劣を争いたがる傾向があります。

たしかに、資本金が多く従業員が多いということは、社会的信用からみても好ましいことといえます。しかし、資本金の額や従業員の数だけでは、本当の意味の企業の優劣を決めることはできません。

資本金数百億円、従業員数千人単位の大企業でも、慢性的赤字にあえぐ会社はいくらでもありますし、吹けば飛ぶような資本金で従業員数人の小企業でも、素晴らしい業績を上げている会社も、これまたいくつでもあります。

私の所属する警備保障業界やメンテナンス業界等などでは、従業員50人以上の会社は、それこそ星の数ほど存在しますが、安易に資本金を増資したばかりに、有利な都道府県や市区等の中小企業を対象とした制度を活用できなくなり、困惑している経営者も少なくありません。

「100人以上従業員がいれば、一人前の経営者だ」などと書いてあるビジネス書もありますが、マンパワーの会社では、私の会社を含め数百人単位の従業員がいても、実質堂々の中小企業であることに何の変わりもありません。資本金や従業員数にこだわって優劣を競う必要などまったくないのです。

あなたの会社の社歴は何年ですか?

経営者の自慢の一つは、長い社歴です。厳しい中小企業の世界では、それなりの実績を上げていかなければ企業は存続していきませんし、20年、30年と会社を経営していれば、その間に培った信用も実績も経営ノウハウも絶大なものとなっていることでしょう。

しかし、人間に寿命があるように、会社にも寿命があるということを知っておかなければなりません。しかも、会社の平均寿命は極端に短く、わずか30年といわれているのです。

事業開始から5年で会社を軌道に乗せ、次の15年が成長発展期、そして成熟期が5年、さらに衰退期が5年というのが、会社の一生の平均パターンなのです。これは、いかなる好況業種であろうとも目先の繁栄に酔いしれて、改革努力を怠っていれば、かならず時代の波に乗り遅れて寿命を終えるのだということを如実に物語っているのです。

かっては、飛ぶ鳥を落すほどの隆盛を誇った石炭業界でも、「重厚長大」時代の花形業界であった鉄鋼業界も造船業界も、かっての面影はありません。バブル期に、時代の波に乗って急成長した証券業界や不動産業界や金融業界の今日の退潮ぶりを、当時だれが予測しえたでしょうか? マイクロエレクトロニクス技術の進歩がもたらした現在の「軽薄短小」時代もいつの日か終焉を迎える時が必ずくるのです。

会社の後継者であるあなたが、幸運にも先代より好況業種を引き継いだとしても、社歴という居心地の良い神輿の上にあぐらをかいていてはいけないのです。

時代を先き読みする柔軟な姿勢と改革努力を忘れないようにすることが大切です。時代遅れの不況業種を引き継ぐのであれば、嘆かずに、若い感性でアイデアを絞ってください。

どのような業種でも、現在の業種に関連のある仕事のネタは必ず見つかるはずです。第1章で解説した任天堂社長をはじめ、斜陽産業を好況業種にかえた偉大な後継者はたくさん存在します。

営々と先代と従業員が築いてきた、社歴という財産を活かさないという手はありません。異業種に安易に手を出して、元も子も失った二代目はいて捨てるほど存在するのです。

また、不況業種の会社をまかされたということは、手腕をおおいに奮う機会を与えられたということですから、生き甲斐を見い出し、天に感謝して努力を続けてください。「健康な長寿企業」こそが、社歴の誇りなのです。

あなたはどこの学校を卒業していますか?

日本は、良くも悪くも学歴社会です。学歴無用論が叫ばれて久しいのですが、高学歴化は進む一方です。しかし、我が国が戦後の焼け野原から驚異的復興を成し遂げ、経済大国となったのは勤勉な国民性もさることながら、平均的学力の向上があったことも見過ごすことができません。

サラリーマンの世界では、最終学歴や出身校は、場合によっては一生を左右するくらいの意味を持っていますので、世の親達が塾だ、受験だと必死になるのも、当然といえば当然です。

もちろん中小企業経営者にも、学歴はあったにこしたことはありません。豊富な知識と出身校の人脈を活かして成功に結びつけた経営者は、あなたのまわりにも多数存在するはずです。

しかし、経営者の世界は、サラリーマンの世界と根本的に違うことが一つあります。経営者の世界は、スポーツの世界等と同じく、まったくの実力オンリーの世界だということです。

サラリーマンであれば、就職そのものに学歴がものをいいますし、その後も半ば自動的に上司が勤務評価してくれて、昇進昇格していきます。しかし、オーナー社長であるあなたの評価は、他ならぬあなたがするしかないのです。

そこには、学歴の立ち入る余地はまったくありません。事業家としての実力と、単なる学歴とは何の関係もないのです。

松下幸之助氏やカーネーギー氏を例に引くまでもなく、年商300億に達しようとするカレーチェーンの社長など、学歴無用の経営者の成功談は、これからも経済誌を飾り続けることでしょう。

要は、学問も知識も自分自身がそれを使いこなせるかどうかであって、その人の生き方や経験や専門的技術、技能を活かしてこそ、真の実力といえるのです。

あなたはどんな肩書きを持っていますか?

社会人になると、好むと好まざるにかかわらず、肩書きも実力を計る物差しとして重要な意味を持ってきます。

サラリーマンの世界では、平社員からはじまって、係長、課長、部長、取締役へ一歩一歩階段を上がっていくことが収入を増やし、自分自身の人生設計を達成するための一つのプロセスです。肩書きが重くなり、多くの部下を指揮して会社のために貢献することは、ひいては世の中に貢献していることにつながり、生き甲斐にもつながっていきますので、一概に肩書き社会が悪いとはいいきれません。

弊害があるとして、一切の肩書きを廃止した企業もありますが、肩書きは一種の社会的ステイタスをもって一人歩きしており、普通、企業では単なる○○課の○○さんではなく、○○課の○○主任さんと肩書きつきで呼称するのが一般的ですし、犯罪を犯した場合、○○会社の○○部長と肩書きつきでマスコミに報道されるのは、ご存じの通りです。

このように、肩書きは、世の中では人間性や真の意味の実力とは関係なく、その人そのものを表す一種の符号として通用しているのです。

さて、中小企業の後継者であるあなたの肩書きは何でしょうか？

普通は、先代の元気なうちに入社して、取締役からはじめるのが一般的なのではないでしょうか？

小さな会社といえども、役員の名前は大きな社会的意味を持っていますし、平社員と違って取締役の対外的発言は、場合によっては、会社の命運を変えるほどの力を持っています。

しかし、真の実力があなたに備わっているとしても、社員や取引先はあなたの実力を計りかねて「社長の息子というだけで、次期社長の椅子に座っている幸運な奴」と腹の中では思っているのかもしれません。軽はずみな言動は厳に謹まなくてはなりません。

社長就任後も、会社を代表する肩書きに恥じないような人物になるべく、努力精進しなければならないことはいうまでもありません。また、経営者になると同業組合等の役員依頼や青年会議所（JC）、ライオンズクラブ、ロータリークラブなどの社会奉仕団体からの勧誘も多くなります。役員を引き受けたり奉仕団体に加入したりすることは、たしかに人間的成長につながり、人脈づくりにも役立ち、何よりも世の中の役に立ちます。何ごともいったん引き受けたからには、責任を持って出席し、奉仕すべきであり、間違っても欠席会員などになってはいけません。

たとえば、仕事の都合で長期欠席になったとしても、不誠実な人物とみなされ、不利益を被ることもあるのです。事業が軌道に乗り、社長不在でも影響のない状態になるまでは、決して役をやみくもに引き受けたり、各種団体に加入すべきではありません。

先代より事業を引き継ぐということは、従業員とその家族に対して責任を持つということなのです。後継者は、自分の会社に絶対の自信を持てるようになるまでは、全神経を自社に集中すべきです。

また、銀行や取引先等は名刺の肩書きがあまりに多く、会社不在の中小企業経営者を社業放棄の見栄っ張り経営者と見なして、疑惑の目を向けているものなのです。

経営者は法人企業であれば、自社の代表取締役。個人経営であれば代表の名刺で充分です。それでも肩書きがほしいという人は、誠実にコツコツと自分の仕事を続けてください。そうすれば、いつのまにか同業や各種団体の役員にふさわしい自分というものができてくるものです。

また、経験の少ないうちは、どうしても名刺の肩書きを見て相手を判断しがちですが、もっともらしい肩書きにだまされて商品を取り込まれたり、手形をパクられたりする若手経営者はあとをたちません。

いずれにしても、経営者が肩書きなどにこだわっている間は、自社の発展など望めないということを、しっかりと覚えておいてください。

あなたは従業員に感謝していますか？

世の中は日進月歩で進んでいます。ひと昔前までは人力にたよっていた作業も機械化が進み、大手企業では、熟練の技術を持った従業員に変わり産業ロボットが次々と製品を生み出しています。

しかし、資金力に限りのある中小企業では、今も熟練技能者の技術に依存するところが多く、また機械では絶対にマネのできない高度な技術を要する職場もたくさんあります。営業部門などは、中小企業の重要な戦略の柱ですが、営業部門に優秀な人材がいるかいないかは、企業としての分かれ目になります。

いずれにしても、優秀な人材を確保している企業はグングン伸びていきます。従業員の質と技術力は、企業の実力を計る物差として、大きなウエイトをしめているといっていいと思います。

しかし、中小企業には社名を聞いてそれとわかるいわゆる「ブランド」がないのが普通ですし、資金力も一流企業には、ほど遠いのが現状です。普通に考えれば、優秀な人材が確保できるわけなどないのです。

しかし、ライバルに差をつけ企業を伸ばしていくためには、優秀な人材の確保と教育は避けては通れない問題です。

やはり、従業員には、それ相応の待遇をするべきです。具体的には、同業のレベルよりの少しでも高い賃金を払えるように努力したり、福利厚生に力を入れたりするべきでしょう。時間はかかりますが、それが従業員のやる気を引き起こし、優秀な人材を確保する条件だと思います。

従業員が喜々として働いている姿をみるのは、経営者冥利につきるものです。とはいうものの会社の入金と出金のバランスを欠いてまで従業員の待遇改善に熱中してはいけません。

バブル期に利益が倍増し、従業員に大判振舞いをした結果、バブル崩壊後に上昇した賃金を支払えなくなり、倒産の憂き目を見た経営者を、私は何人も知っています。思わぬ入金があった時は、決算賞与や社員旅行で還元すべきで、絶対に大幅な給与アップ等の固定費で還元すべきではありません。

いずれにしても、利益の出る企業体質にすることが先決といえます。

あなたの会社は自社ビルや自社工場を持っていますか？

何ごとにも例外はありますが、事業家を志す者は、一国一城の主人を目指してがんばるものです。そういう意味では、自社ビルや自社工場を所有している経営者たちは、努力の甲斐あって、それぞれの城を持った成功者といえるのかもしれません。

しかし堂々たる自社ビルや自社工場などの器は大変立派でも、内情の伴わない会社は多数存在しますし、自社ビル、工場の建設や新規設備の導入に情熱を傾けたあげく、結果的に膨大な借入金に苦しむ人も結構見受けられます。

大阪で金属部品製造業を営むN社の二代目社長であるN社長は、誠実な人柄で従業員の信頼も厚く、会社の前途は洋々たるものでした。バブル期に3K業種からの脱皮を計って、年商7億円の時に14億円の借入を起こして素晴らしい本社兼工場を完成させ、従業員の快適環境を実現させましたが、その後の不景気による売上減少と、膨大な借入金返済の重圧にたえかねて、3年で倒産に追い込まれました。

第4章で詳しく説明しますが、企業の借入金の限度は、運転資金も含めて、月商の3ヵ月分までです。

中小企業の世界では、背のびして生きることは、近い将来の死を意味するのです。ビルや工場を購入したり、新規設備投資をしようと計画した時は、まず、借入金月商3倍以内の原則に照らしてください。

3倍以上になる時は、あなたの実力不足なのですから、実力がつくまで現状で努力するべきです。

銀行がいくら融資するといっても、決して軽はずみな行動に出てはいけません。いずれにしても、自社ビルや自社工場は単なる器であって、企業の真の実力とはほど遠いことを知っておいてください。

あなたの会社は新型設備を導入していますか?

コンピュータ技術の進歩で、最近の製造技術の進歩には驚くばかりです。最近導入した機械設備が2~3年で時代遅れの設備になってしまうことも珍しくありません。しかし、生産性を重視するあまり、設備投資を繰り返し失敗した経営者も少なくありません。

中小企業は、景気に大きく左右されます。景気好調期に親会社等からいくらでも仕事をまわすといわれて導入した新型機器が、今日、ほこりまみれで放置され、のこったのは多額の借入金だけという中小企業の経営者はいくらでもいるはずです。

導入した機器が、たとえ時代の最先端をいっていたとしても、そのことは企業の実力とは何の関係もありません。

家族経営的規模の会社では、原則として設備投資は、利益を生み出すことには直結しないことが多いのです。しかし、新しい技術に眼をそむけていては、決して企業の将来もないことも事実です。

業種によっては、新型設備の導入は素晴らしい発展をもたらすこともありますので、景気の動向や自社の能力等を考慮して設備投資にふみ切るのもいいでしょう。もちろん、このケースでも借入金月商3倍以内の原則を適用するのは当然のことです。

あなたの会社の利益はどのくらいですか？

ここまで、企業としての売上高の大小や資本金、従業員の数、社歴、あるいは経営者個人の学歴や肩書き等では、企業の一面は見えても、その真の実力は決して見えてこないことを解説してきました。

それでは、企業の実力はいったい何で計れば良いのでしょうか？

世の中の、実力を計る物差はさまざまです。プロスポーツの世界を例にあげると、個人競技では、華麗な技だけではなく勝つことを求められますし、プロ野球では、打者は打率や打点、本塁打数や守備で、投手は勝星数や勝率や防御率等で実力を競い、その結果、実力の証として活躍にふさわしい年棒を獲得するわけです。

プロスポーツ選手は、他ならぬ年棒や賞金ランキングの上位に、顔をだすことが一流の証であり、他の選手との優劣を決定づけるバロメーターなのです。

企業の売上高の大小は、一見プロスポーツ選手の年棒ランキングと似ており、実際、売上高を企業の優劣を計るバロメーターにしている中小企業経営者は多いのです。

しかし、売上高は、利益をともなってこそ真の実力といえるのであって、極端な値引き経営の結果、急激に売上高が伸びたとしても、それに何の意味があるのでしょうか？売上高はたしかに伸びたけれども、経費も増えて、結局利益は前年といっしょだったなどというのも、経営者としては実に情けない話です。

企業の真の実力は決算期では利益で、総合力は内部留保の厚さと資産から負債を差し引いた自己資本で計るのです。営業利益や経常利益、税務上の所得ではなく、本当の実力を計るバロメーターは、税引き後の額であることを知っておいてください。

売上高の上昇のみに心を奪われ、節税に必死になっている同業者を尻目に、あなたはコツコツと税引後利益を積み立てていくことです。

私の同業者に、ほぼ同時期に同じエリアで設立した会社が2社ありました。仮にA社、B社としておきましょう。

この2社は、資本金も同額なら、経営者も同世代、従業員数も、売上高も全く同じように推移して15年の月日が流れ、A社、B社とも相前後して創業者が引退。二代目経営者の時代となりました。

しかし、A社の社長は創業20周年をたくさんの来賓に囲まれて、先代と共に笑顔で迎えることができましたが、その時点ですでにB社は業界から姿を消していました。同じような条件の会社がなぜ明暗を分けたのでしょうか？

A社の創業者であるA氏は、脱サラで会社を創業したのですが、手持ち資金はほとんどなく、まさに背水の陣で創業したため、当初より内部留保の重要性を感覚的に知っていました。当初は赤字でしたが、創業3年目から経費節減につとめて、堅実に利益を蓄積していったのです。

B社の創業社長であるB氏は、業界大手の管理職から転身して創業しました。彼はなかなかのやり手と評判でしたので、資金を出すスポンサーも、応援企業もついて順調な滑り出しでした。

彼は、当初から「税金など支払う必要はない」というドライな考えの持ち主でしたので、売上の上昇に合わせて事務員を増員したり、最新機器を導入したり、事務所をより大きなところに移転させたり、接待交際費を必要なだけ使うのも当然の行為として実行してきました。

個人的にも、豪邸を建てて羽振りも良かったので、同業者の目には、成功者と映っていたものです。

さて、二代目であるそれぞれの社長は、先代の経営方針をそのまま継承しました。しばらくは順調でしたが、その後のバブル崩壊の波が襲いかかり、売上は急減し、二社ともに大幅な赤字経営に転落したのです。

しかし、A社の場合は営々として蓄積してきた内部留保金がものをいいました。そして、何よりも、コツコツと蓄積してきたことによる絶大な信用がものをいったのです。銀行支援もスムーズに進み、その後、A社が立派に持ち直したことはいうまでもありません。

何度もいうようですが、中小企業は、好むと好まざるにかかわらず景気の波に翻弄されることが多いのです。内部留保を厚くして、企業体力をつけることは、経営者の大切な仕事なのです。

先代が、B社的考えの持ち主であるのなら、あなたは躊躇なく先代の方針を変更するべきです。収支トントンを良しとするような経営方針は早急にあらためねば、あなたは近い将来に、売上至上主義者や無能力経営者の烙印を押されてライバルに大きな差をつけられることになるのです。

第3章

経営の基礎力を徹底的に身につけよう

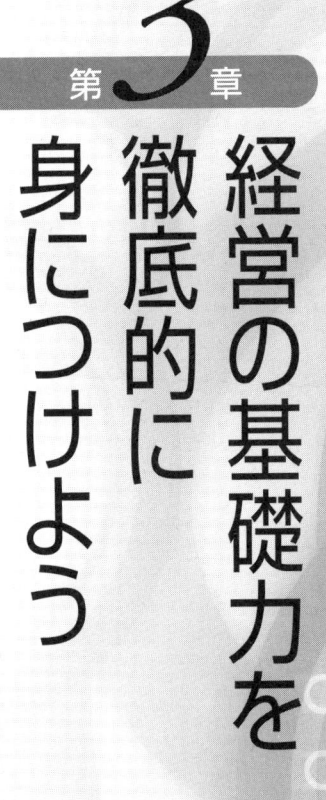

おおいに儲けて企業体力をつけよう

前章では「企業の真の実力は利益で計るのだ」と明言しました。

これは「儲けない社長は経営者失格だ」といい換えることもできます。従業員の待遇改善も、自分自身の理想の生活も設備投資もすべて儲けから生み出されるのです。しかし、儲けさえすれば良いのでしょうか？

経営者の世界では、儲けることに関しては天才的な人もいます。中には詐欺まがいの行為や法律スレスレの方法でアブク銭を稼ぎ出す人もいますが、その影には泣いている人がいることを忘れてはいけません。

長い経営者生活のうちには、うまみのある儲け話しが持ち込まれることもありますが、一人の人間でも不幸にするような仕事には絶対に手を出してはいけません。ボロ儲けや脱税などしても「悪銭身につかず」ということわざどおり、その人の末路はあわれなものなのです。

また、正業で儲かっても、それを全部使ってしまっては何の意味もありません。従業員に還元したり、必要な備品を買い揃えて、ある程度節税したら、残りは支払うべき税金を支払って、世の中に貢献して下さい。

企業体力とは、ある日突然つくものではありません。おおいに儲けて、毎年の収穫である利益を留保金として積み立てていくことが、優良企業への道なのです。あなたの会社が儲かる体質になるか、そして企業体力抜群の小さな巨人になるかは、すべて経営者であるあなた次第なのです。

事業を継承することになったあなたへのアドバイス

あなたは先代の御子息ですか？親族ですか？それとも血縁関係のない他人ですか？

日本の企業は、オーナー一族の占有であることが多く、一部上場企業から街の商店に至るまで、後継者は世襲が当たり前となっています。世襲への批判はあろうとも、今後も日本の企業から世襲がなくなることは決してないと思います。

先代が苦労して築き上げた企業を他人に譲り渡すことなど、よほどの事情か、経営に対する達観者でなければ、できることではありません。あなたに白羽の矢が当ったのは当然なのです。

ところで、あなたが先代の後を継ごうと決意されたのは、いつ頃でしたか？子供の頃より、父親の背中を見て育ち「よし俺が後を継いで親孝行するぞ」と決意された人もいるでしょうが、大部分の人は、事業の継承問題など考えないようにして、現在まで過ごしてきたのではないでしょうか？

たしかに、人には自分の生きる道を自分できめる自由があるのが当たり前です。「江戸時代じゃあるまいし、世襲など時代錯誤もはなはだしい」と考える人がいても不思議ではありません。読者の中には、先代の病気や急死等に伴い、親族の説得で後継者となることを承諾せざるをえなかった人もいると思います。

しかし、後継者となったからには、事情はともあれ、あなたはここで頭を切り替える必要があります。まず、新たな生き甲斐を見つけることからはじめてください。

中小企業の経営者といえども、良いところはたくさんあります。小なりとはいえども、あなたは「堂々の社長さん」なのです。

たとえば、ボランティアに興味のある人でしたら、まず、従業員とその家族を幸せにすることから、徐々に世の中への貢献を考えていく道を探ることも可能ですし、金で幸せが買えるとお考えでしたら、経営者はうってつけの商売です。努力次第で一流大学のエリートサラリーマンの倍の給与を受け取ることもできますし、各界、一流プロの年棒を越えることも夢ではありません。

自分で決めない限り、定年などない結構な商売なのです。経営の道を進みながら、一生の夢であった、トロイ遺跡の発掘に情熱を傾けたシュリーマンなど、先達が世の中に存在することを忘れないでください。

経営の道は、あなたの夢にきっと直結するはずです。あなたは、むしろ恵まれているのかもしれません。世の中に感謝して生きることです。

小さな会社の経営は、硬直化した大企業の経営よりもはるかに面白いのです。小さな会社は、あなたのアイデアや感性がストレートに反映されます。

先代から引き継いだ会社を、手をかけてあなたの人生の芸術作品に仕上げて頂きたいと思うのです。

事業を継承したばかりの後継者は不安があって当たり前

後継者は、ほとんどが学校を卒業後、一時期他人の飯を食って自社に戻り、経営の実務を覚えてから家業を引き継ぐ、というパターンが一般的ですから、急遽後継者に指名された人から見れば、実務に詳しいのは当然です。

しかし、それでも現実に「社長就任」の時を迎えるのは、だれしも「はたして、うまく社長業ができるのだろうか？」と一抹の不安を覚えるものです。しかし、心配することはありません。

サラリーマンは、好むと好まざるとにかかわらず、学歴や経験がものをいう世界に住んでいますが、オーナー経営者の世界は「学歴、経験無用。年齢問わず」であり、難しい資格を取らなければ、社長になれないということもありません。

大手企業のサラリーマンには、就職試験に合格しなければなりませんが、社長には、だれでも実力次第で無条件になれます。つまり、社長になったからといって、特別な人間になったわけではないのです。あなたは、あなたです。肩の力を抜いて、マイペースでやればいいのです。

先日、私は防衛省の招待を受けて、海上自衛隊のT—5初級練習機に体験搭乗させてもらいましたが、日本海上空の訓練空域で操縦かんを握ったときは本当に緊張して、手に汗を握ったものでした。

経営に当てはめるならば、教官が先代である会長。そして、緊張して操縦桿を握りしめているのがあなた、ということになるのでしょうか？

飛行機の操縦には、あまりにも敏感に反応する人は適正がないそうです。周囲の状況を良く読んで冷静に判断するところなど、まさに経営の真髄そのものだと、感心したものでした。

経営の世界は、一度の敗戦で消えて行くトーナメント戦ではありません。長い年月をかけて戦う、ペナントレースなのです。1年、2年で経営の達人などになる必要はないのです。この書を手に取られているあなたは、すでに経営者として充分な資質を備えています。自信を持って、リラックスして頑張って頂きたいと思います。

まず経営を好きになりなさい。そして趣味にしてしまいなさい

昔から「好きこそ物の上手なれ」といいます。好きで興味を持つからこそ、思わず熱中して努力するのです。いやいやながら経営をしてはいけません。まず好きになることです。

「仕事が趣味です」などというと、大手のモーレツ社員を連想する人も多いと思いますが、経営者は、何も家族を犠牲にしてまで経営に没頭する必要はありません。

経営とは、簡単にいうと数字ゲーム兼人心掌握ゲームです。楽しみながら、知的感覚でやればよいのです。

スポーツや学問、芸術の世界等も好きだからこそ、情熱を燃やしていけるのです。置かれた環境など問題ではありません。

私の家内の兄は、母子家庭に育ちましたが、奨学金を受けてアルバイトをしながら、高校、国立大学、大学院博士課程と進み、海外研究員として渡欧。現在は43歳で国立大学教授になりました。

同じく働きながら初心を貫徹された人は、定時制高校~中央大学通信教育を経て、司法試験

に合格。弁護士を経て、大阪地裁の判事に48歳で任官した松山文彦氏など、いくらでも好例をあげることができます。

好きで努力する人には、道が必ず開けます。音楽の道でも、先年亡くなった世界三大テノールのひとり、イタリアのルチアーノ・パパロティ氏や、日本の国民的歌手 故 美空ひばりさんなどは、楽譜が読めないという声楽家として致命的な欠陥があるにもかかわらず、情熱と努力で不動を地位を確立したのです。

経営の道も、好きになり、趣味となり、そして生きがいに昇華してはじめて、本当の道がひらけてくるのだといえるのではないでしょうか。

礼儀、挨拶、親孝行、これが生活の基本だ

目上に対する礼儀を知らない人や、挨拶のできない人が増えているそうです。これも「親孝行を軽視する、最近の風潮に遠因があるのではないでしょうか？」と分析する評論家もいます。親というものは、自分を産み育ててくれた、有り難い恩人であることはもちろん、身近な目上の存在でもあります。その親を大事にしないということは、人間として一番大切な心というものが欠落していることになります。

いずれにしても、これからの経営者には経営能力もさることながら、従業員や取引先、人生で交わるすべての人々を幸せな気持ちにさせる、温かいハートも必要なのです。

私は二歳のときに実母と別れ、育ての母に養育されました。この義母は、よくできた人で放蕩の限りをつくし、家に寄り付かない父のためにさんざん苦労をさせられたにもかかわらず、いつも笑顔を絶やさず、私に辛抱の大切さを身を持って教えてくれました。53歳の若さで病死してしまい、親孝行らしいことをしてやれなかったことを今も後悔しています。

父は前述の通り、私の子供のころから、家には寄り付かない人で、自分の事業を倒産させた後も連絡も取れない状態が長く続き、私は父に愛情を感じたことがありませんでした。

連絡がつかなくなって十数年後、脳いっ血で倒れ、半身不髄となって私の家にかつぎこまれた時も正直いって「やっかいものが、舞い込んだ」くらいの感じしか持てませんでした。

しかし、結婚式にも出席しなかった父を献身的に看病する私の妻の姿を見て、私は、親孝行の大切さを知ったのでした。父は最後まで、感謝の言葉を口にすることなくこの世を去りましたが、私は、今では反面教師として私を教育してくれたのだと思い、亡き父にも感謝して生活しています。

人は、それぞれに持って生まれた業（カルマ）というものがあるようです。親に不服があろうとも、親に違いがあろうはずもありません。「親孝行したい時には、親はなし」なのです。

あなたも、両親に感謝して生きなければなりません。そうすれば、経営者としての礼節も、おのずと身についてくるものです。

成功する経営者と普通の経営者とはどこが違うのか?

規模の大小にかかわらず、長年事業を営んできた経営者の顔には、事業家としての年輪というものが刻まれています。

しかし、いかにも「俺は苦労した」というような顔つきの経営者には、他人の目から見ると不思議に真の事業成功者はいないものです。むしろ「明るい表情」で、言葉は悪いのですが、一見苦労知らずの「ノー天気」に見える人のほうが、成功者として世の尊敬を集めているものです。

大手企業を一代で築き上げた創業者に暗い表情の人はいないものです。功なり名とげて成功者となったのだから、現在の表情が明るいのは当然なのです。

つまり、「暗い表情」の経営者は、現状に不満があったり、自身喪失していたり、悩みごとを心に溜めているから、それが表情に現れているわけで、まして、口で苦労したなどといっているうちは、成功にはほど遠い存在なのです。

立志伝中の経営者の若いころの写真を拝見していると、決して「明るい顔」の人ばかりではないことがわかります。悲惨な戦争体験やシベリア抑留を経験した人も多く、生死の境をさ迷った人も多いものです。戦後の人でも大病を患った人、肉親の縁の薄い人、苦学して大学を卒業した人など、苦労知らずで成功した人など皆無といっていいでしょう。

しかし、そういう試練を経たからこそ、人の痛みのわかる真の経営者になりえたのではないでしょうか?成功する経営者と現状不満の経営者との違いは、試練にいかに立ち向かい、昇華できるかにかかっているのです。

一見、経営とは無関係の「失恋」や「病気」「肉親との死別」などに耐えることや、経営上の「金銭的喪失」「事業上の失敗」などを解決するプロセスそのものに、人間的成長や経営者としての成功の鍵が隠れているのです。

私は、少年の時に、父の事業の失敗で一家離散を味わいましたし、結婚後も長女を三歳前の可愛いさかりに病死させるなどの試練を受けました。経営上も労災事故で従業員を亡くしたこともありました。

しかし、試練に向き合い「俺はダメな男だ」「俺は不運だ」などとは考えないようにしてきました。「笑う角には福来る」という諺もあります。冗談の一つもいって、明るく公私ともに前向きに生きていくことも、成功者になるための条件の一つといえるでしょう。「暗い顔」などをしていると、幸運が逃げていってしまうのです。

大きな目標がなければ経営は長続きしない

事業継承にあたって、まず、後継者がやらねばならないこと、それが経営目標の設定です。

学生時代を思い返してみてください。志望校に入学するまでは、だれしも希望を持って懸命に勉強したはずです。それが、志望校に首尾よく合格したとたんに目標を失って、糸の切れた凧のようになってしまい、以後の目標設定に苦労した覚えがありませんか？

経営も同じことで、社長就任までは目標を持って頑張っていた人が、就任した直後に虚脱感を覚え、以後の人生の生き甲斐を失うこともあるのです。

特に、社長就任にあまり乗り気でなかった後継者によく見られる現象ですので、注意が必要です。かっての志望校をめざしてがんばっていたあの頃を、もう一度思い起こして、経営にアタックしなければなりません。

世の中には何でも一番でなければ気のすまない人もいます。そういった性格の人は、経営の世界でも一番を目指して欲しいのです。

「一部上場企業に我が社を育てるぞ」「売上を地域ナンバーワンにするぞ」「利益率ではどこにも負けないぞ」「目標！賃金ナンバーワン」等何でも良いのです。

とにかく、簡単に到達できそうもない大きな目標を設定して、それに向かって闘志を燃やしていくことが、経営の第一歩であると自覚してください。何も一番にならなくてもいいとお考えのあなた。あなたの考え方も間違ってはいません。「従業員の福利厚生だけは、ベストに持っていきたい」「安定経営をめざしたい」「絶対に倒産しない健全経営をめざす」などいくらでも目標は見つかるはずです。

ちなみに、私の経営目標は「無借金経営の確立」です。実は、今までに何度も無借金経営を達成したのですが、そのたびにあえて借金をして、従業員の独身寮を建設したり、自社ビルを建設したりして、よりハイレベルの「無借金経営」をめざして闘志を奮い立たせているのです。

小さな目標を達成して満足していては、そこで目標を失ってしまいます。さらに大きな目標に向かって、挑戦し続けなければならないのです。

初心を忘れないために、日頃の生活態度をチェックしろ

事業を継承して、しばらくの間は誰しも緊張しているのが当然で、経営者としてよほどの不適格者でない限り、入金と出金のバランスが崩れるような経営はしないのが普通です。

しかし、年数が経過して経営に自信を持ちはじめると、初心を忘れて、ムリ、ムダ、ムラの三悪をはじめる二代目以降の経営者は多いものです。

「初心忘れるべからず」と、言葉でいうのは簡単ですが、これが結構難しいのです。ある程度業績がアップしてくれば、安きに流れて「これくらいの贅沢はいいだろう」と考えるのは、人として当然の思考だと思うのです。

しかし、中小企業の現実は決して甘くありません。今年の好調が来年も続くという保証はどこにもないのです。常に初心を忘れず経営を続けることは、大切なことです。

私は32年間会社を経営していますが、いまだに軽自動車で通勤しています。本当は高級車を購入するくらいのことは簡単なのですが、あえて軽自動車を愛用しているのにはわけがあるのです。

私は徒手空拳から会社をはじめたため、どうしても会社の業績が良くなると「俺もたいしたものだ」と自画自賛して増長してしまう癖があるのです。私はこの癖をよく知っていますので、毎日、軽自動車に乗って初心を忘れないように自戒しているというわけなのです。

この方法は効果があり、最近では見栄を張ったり、贅沢をしようなどという気持ちはすっかり影をひそめています。

もちろん、私と同じように、あなたも軽自動車を愛用しなさいと勧めている訳ではありません。例えば宝石商や水商売など、夢を提供する業種の経営者は、やはり、外車や国産高級車に乗ることも商売上必要だと思います。

しかし、初心を忘れないために「土光さんメザシ」ではありませんが、経営者は、生活レベルが多少上がったとしても、地に足のついた生活をするべきだと思うのです。普段からそういう生活をしていれば、多少景気が悪くなったとしても、びくともしないはずです。

極端な話ですが、不景気になって、経営者が軽自動車から自転車にのりかえるのは、今日からでもできますが、ベンツをカローラに乗り換えるのは至難の技なのです。

「一度張った見栄は縮小できない」ということを良く覚えておいて頂きたいと思います。

「若い時に遊んだ人間は成功する」などという俗説にまどわされるな

子供の頃、手におえない悪ガキだった人が成長して成功者となったり、才能をいかんなく発揮してその道の達人になったりすることは、良くあることのようで、偉人伝には、その手の話がたくさん載っています。しかし、あなたのまわりを良く見渡してみてください。

本当に、かっての悪ガキが大人になって、人もうらやむ成功者になっているのでしょうか？もちろん、中には立派な人生を送っている人もいるでしょうが、人生の落伍者とまではいかなくとも、世に背を向けた人が大多数ではありませんか？昔の悪ガキと現代のイジメに明け暮れる悪ガキを同列にして、話を進めるつもりはありませんが、現実とはそういうものだということを知っておいて頂きたいのです。

芸能界などでは「遊びは芸のこやしだ」となどと嘘ぶいて、死ぬまで放蕩の限りをつくす人もいますが、借金地獄に陥って、その末路は名声に比べてまことに哀れなものなのです。ほんの一握りの人間の成功談などにまどわされてはいけません。「芸のこやしになる」などというのは、昔の人が若い者に奮起を促すための方便にすぎないのです。悪ガキ→放蕩息子→最低オヤジ→ダメじいさんというような一生を送ってはいけません。

もし、あなたが継承前に自堕落な生活を送っていたのなら、今日から真面目な生活に切り替える必要があります。「若い時から真面目な人間は成功する」確率が非常に高いのです。

真面目にも四通りあることを知れ

私は、本書で「真面目に生きなさい。さすれば、必ず成功します」ということを、随所で述べています。ところが、こういうことを書くと、我意を得たりとばかりに、馬鹿がつくほど大真面目になる人もいるのが本の怖いところです。

経営者は、真面目にも四通りあることを知らなければなりません。大真面目、中真面目、小真面目、クソ真面目の四通りのうち、中真面目は私の造語ですが、さて、あなたはどのタイプの真面目さを持っているのでしょうか?

真面目で誠実なことは、経営者にかかわらず、どこの世界でも通用する美徳です。ところが、しゃくし定規で頭の堅いクソ真面目や何ごとにも真剣で融通のきかない大真面目な人は、どの職場や団体にも一人や二人いて、トラブルメーカーとなっています。

本人にしてみれば、正しいことをいい、実行しているだけですから、人の思惑など関係ないのでしょうが、まわりはあまりの融通のなさに辟易しているものなのです。

役所や司法関係者ならそれでもいいかもしれませんが一般の会社でこのタイプの上司の下で働く人はたまりません。まして、経営者がこのタイプでしたら息が詰まってしまうのは当然です。

経営者は、ＴＰＯに合わせて融通のきいた対応をしなければなりません。カチカチの頭では、商売は成り立ちません。基本は基本として、Ａ案も、Ｂ案も、Ｃ案もあって良いのです。

私は、この一線だけは越えてはならないというところでは大真面目に対処することを身上としていますが、その他のことについては、柔軟な発想をすることにしています。クソ真面目や、いかにもチマチマとした小真面目なども性に合いませんので、中真面目で経営に当たることにしているのです。

あなたも、中真面目の経営を実行してみてください。きっと新しい世界が開けてくると思います。

中真面目というのは、遊びなども人並みにやるが、分を守って決して深入りしないことだと理解しておいてください。

プラス思考の経営者は成功する

たとえ優良企業であったとしても、経営上よいことばかりが続くわけでは決してありません。ある日突然、不渡り手形をつかまされて奈落の底につきおとされるかもしれませんし、予定していた仕事が突然キャンセルになり、資金繰りに支障をきたすかもしれません。あるいは、自信を持って送りだした商品に欠陥が見つかり、大損害を被るかもしれないのです。しかし、経営者が「悪いことがおきるのではないか」といつも心配ばかりしているのは感心しません。

そういうマイナス思考の経営者には、なぜか心配したとおりのことが現実化してしまうのです。まだ、おきてもいないことにクヨクヨ思い悩む必要などまったくありません。経営者は、何ごとにも楽観的に対処して、順調に会社が伸びていく姿を心に描いていなければならないのです。

J・マーフィー博士の提唱した、有名な「マーフィーの法則」では、「あなたの人生はあなたの思い描いたとおりになる」と教えています。私はこの法則が正しいことを身を持って体験しています。

父が、事業に失敗して、夜逃げ同然に姿をくらましたあと、私は高校を中退して単身上京、スーパーの住み込み店員として働きはじめました。子供のころ豪邸に住んで、お手伝いさんつきの優雅な生活をしていた私にとって、この環境の変化は大変なものでした。

しかし、私は懸命に働きながら、いつも心の中で「背広を着て社長室に座っている自分」をイメージしていたものです。

それから六年後、私は24歳の若さで、現実に社長室に背広を着て座っていました。常にプラス思考で人生を歩むように心がけることは良いことです。

あるとき私は、通勤途中に立地条件の良い土地があるのを発見しました。当時はとても私の会社が手を出せるような物件ではありませんでしたので、私はその場所に「自社ビルが建っている姿」をイメージすることにしました。毎日、通勤で、その前を通るたびにイメージを膨らませたものです。

それから四年後、取引先の信用金庫支店長さんが訪ねてきて、「社長良い物件があるので見てみませんか?」といわれた時、私は本当に驚いたのです。その物件は、私がイメージしていた土地と通りを挟んで真向かいにあり、ほんの10メートルしか離れていなかったのです。条件も良く、トントン拍子に話が進んで、現在その場所にイメージに描いた通りの自社ビルが現実に建っていることはいうまでもありません。

たしかに思考は現実化するのです。

あなたもぜひ、プラス思考で人生を歩んで頂きたいと思います。成功している自分と会社を、常に心に思い描く時、迷いは消えて、潜在意識があなた自身を高みに引っ張りあげてくれるのです。

また、少々の失敗くらいで悔やんではいけません。「自分を鍛えてくれてありがとう」と感謝するくらいでなければ、真のプラス思考とはいえないのです。

一芸に秀でた経営者は成功する

優れた経営者は、仕事以外にも趣味を持っていることが多く、俳句や絵画、囲碁、将棋から茶道、書道、武道、水泳やゴルフなど、玄人はだしの人も結構いるものです。

経営者は、サラリーマンに比べて時間があるといえばそれまでですが、やはり過酷な決断を強いられている経営者には、ゆとりというものが必要なのです。一時でも仕事を忘れて打ち込めるものがあるということは、明日の鋭気を養い、気力、体力を長続きさせるためにも結構なことだと思います。

事業一筋でひたすらがんばってきた先代経営者には、是非、趣味の一つくらいは、今からでも始めるよう、あなたから勧めてほしいものです。

先生について習うのが面倒な人は、山歩きや軽いジョギングなどもありますし、趣味の世界は奥が深いのです。

二代目経営者の中には、ピアノやヴァイオリン等、子供の時から習われている人も多いはずです。

「子供の時は嫌々ながらに練習していたものだが、経営者となってみると、意外に気分転換として有効なものだ」

とある二代目経営者が、話してくれました。両親に感謝するべきでしょう。

しかし、趣味が高じて本業を忘れてはなにもなりません。経営者が趣味をするには条件があるのです。

その一は、勤務時間中に趣味に手を出さないということです。私の知るある社長は、社長室で勤務中にたった一日、趣味の絵画に没頭したばかりに、長いこと従業員から影で無能呼ばわりされていたものです。

ゴルフなどは、接待などと密接な関係があることをいいことに、勤務中にプライベートなコンペに出かける経営者は多いものです。経営者は会社の自分の椅子に座っているのも仕事なのです。暇だからといってプライベートゴルフにあけくれる人は、経営者失格なのです。

ゴルフに限らず、誰も文句をいわないからといって、勝手きままなことをしてはいけません。公私のけじめをはっきりつけることが、経営者としてはもっとも大切なことなのです。

その二は、会社の金で趣味をするなということです。

従業員はあなたの趣味のために働いているのではないのです。従業員の汗と労力の結晶である利益を浪費してシングルプレイヤーになったり、その道のセミプロになったとしても、従業員の信頼を失っては何にもならないのです。

その三は、趣味仲間とは裸でつき合えということです。趣味の同好会等で、肩書きなどをちらつかせて威張っている人を時々見かけますが、恥ずかしい話です。

趣味の世界では、あなたの会社の従業員を含め「釣りバカ日誌」ではありませんが、人はあなたの先生であり友人なのです。趣味をしている時くらいは、しばし心を解き放って趣味の世界の人となって頂きたいのです。

自分の健康管理もできない経営者は失格だ

先天的に健康とはいえない体で生まれてきても、立派な人生を歩んで、人々に感動を与える人も世の中には存在しますが、健康で五体満足に生まれてきて、名誉や地位や財産に恵まれても、足ることを知らない欲望に身をこがして不摂生を繰り返し、あげくに大病となって、精神的満足感や安らぎを味わうこともなく、一生を終える人もいます。

本書は哲学書ではありませんので、どちらが人間として幸せな一生かというようなことは問いません。ただ、人間の幸福は環境や育ち、名誉、地位、財産等に左右されることではなく、精神的満足感にあるのだ、ということはいえると思います。

とは言え、通常「健全な精神は健全な肉体に宿る」ものなのです。

ゼロからイチを築き上げた先代と比較した場合、後継者が恵まれた環境にあることは間違いありません。つまり、健康など顧みる暇もなく、汗水たらして働いてきた先代の創立期から比べると、健康管理にさける時間的な余裕はあるといえます。

従業員とその家族の生活に責任のある経営者が病気であることは、大きなマイナスポイントなのです。

従って、経営者は常に自分の健康管理に気をつけていなければならないのは当然です。若さにまかせて夜更かしや暴飲暴食などしていては、いつか大病に犯されてしまいます。喫煙など「百害あって一利無し」なのです。

水泳教室やゴルフの練習場などに勤務後に通って体力づくりをするのも結構ですが、時間があればジョギング等で健康管理されることをお勧めします。

私は昼食は家内の手作り弁当にしていますが、いつも主食は胚芽米です。仕事等でも、バス停五つ分くらいの距離の訪問でしたら徒歩で済ませています。もちろん早足ですので、交通渋滞の時など、車よりも早く用件が終わってしまうこともしばしばです。

「健康づくりの暇などない」などといっていると、精神衛生上ろくなことはありません。「金の亡者」や「自己中心的経営者」となっていくら儲けても、空しい人生なのです。できるところから健康管理は始めなければなりません。腹八分で快食し、快眠、快便、適度な運動を心掛けて健康診断をかかさなければ、経営に対する気力、体力もおのずとわいてくるものなのです。

私生活のルーズな経営者は失格だ

人間はとにかく安きにつきやすい動物です。当初は真面目でも、事業が軌道にのってある程度の資金的余裕がうまれると「社長たるもの少しくらいの息抜きは必要だ」と誰しもが考えるものです。

たしかに、人間真面目に仕事をしているだけでは息が詰まります。あまり堅すぎるのも人間的魅力に欠けるものです。たまには、明日の鋭気を養うためにも遊ぶことも必要です。

しかし、だんだんエスカレートして「何のために社長をしているのだ。人生をエンジョイして何が悪い」という悪魔の囁きが聞こえてくると要注意です。

そうなると酒好きの経営者は、夜毎ネオン街に繰り出しますし、生来の女好きは女性をくどきおとすのに必死になり、ギャンブル好きは、競馬、競輪、競艇や夜毎の賭けマージャンに明け暮れるようになり、中には二号さんを事務員として採用して涼しい顔をする経営者も出てきます。そしてお決まりの家庭崩壊となるのです。

しかし、そうやっておもしろおかしく世渡りをして人生をまっとうすることは、至難の技といってよいでしょう。

社員は経営者の背中を見ています。そういう放慢経営者が会社でいかに偉そうなことをいっても、社員は腹の中で笑っているものなのです。社員にそっぽをむかれた中小企業の末路はあわれなものです。

経営者にとって私生活と会社とは決して無関係ではありません。社長の仕事は24時間365日だからこそ、高給を頂戴しているのです。中堅企業や大手企業の中には、虚飾の人生で終わる経営者もいます。しかし、そういう人の子孫は、複雑な遺産相続問題や山積みする事後処理に翻弄され、大変な苦労をしているのです。

いずれにしても、家庭不和は経営者にとっては命取りであることをしっかりと覚えておいてください。

時間にルーズな経営者は失格だ

私の住んでいる福岡市には、博多時間というのがあって、会合や研修会などに、20分や30分遅刻しても、人はあまりとやかう言わないものですが、これは、おそらく神屋宗湛、島井宗室といった博多の豪商達に代表される、細かいことにこだわらない、豪放らいらくな、博多商人気質が今に生きているからでしょう。

しかし、全国どこにいっても、その土地の名を冠した○○時間というのは結構あるもので、JRなどの時刻表をスケジュールどおりに、分刻みにこなす日本人とは同じ人種とは思えないほどです。

しかし、よく注意をしてみると、遅刻する人はいつも同じ人であることが多いものです。遅刻の材料が年がら年中あるわけでもないのでしょうから、やはりそういう人は、ルーズな性格だといわれてもしかたがないのです。

仕事の打ち合わせや納品期日はもちろん、酒の席やたいして重要でない会合でも、決められた時間はきちんと守らなければなりません。

経営者に限らず、人間は誠実さが必要なのです。たかが遅刻くらいと思っていても、その遅刻くらいで信用のない奴と思われる程つまらないことはありませんし、遅刻したばかりにライバルに先を越されて、仕事を受注できないこともあるのです。

あなた自身が、日頃の出勤時間や約束時間を厳正に守ることが、従業員の教育にもつながり、チャンスを逃さない会社づくりにつながっていくことを知っておいてください。

タイム・イズ・マネーという言葉もあります。現代は時間との戦いなのです。それから、アルバイトの多い会社では、とくに時間の管理が大切です。定刻に仕事が終了していても、お茶を飲んで時間をつぶして残業稼ぎをする人がいては、会社はみすみす残業代をドブに捨てることになるのです。

見栄、体裁病に感染するな

事業を継承しても、先代の眼が届いている間は、この病気にはなかなか感染しませんが、先代が事業から手を引きはじめると、そろそろ友人や取り巻き連中を通じて感染していきます。

他人が、社長、社長とチヤホヤし出すと、誰しも悪い気はしません。後継者は、先代よりも恵まれた環境に育ち、人生経験が浅いのが普通です。どうしても、おだてに乗りやすいという欠点を持っていることが多いのです。

俺も社長になったのだからと外車を乗り回し、交際範囲を広げ、業界やＰＴＡ、町内会、各種団体と、役職をかたっぱしから引き受け、夜の街に繰り出し、俺のおごりだとばかりに散財し、分不相応な設備投資や宣伝広告をする。ゴルフのスコアを気にし、あげくには、社長たるもの趣味の一つや二つと会社の金を持ち出し、どんどんとエスカレートするのがこの病気の怖いところです。

年商11億5000万円の老舗フラッグ会社を倒産させた○社長、大手アパレルメーカーを倒産させたT社長と、あなたのまわりにもこの手の二代目は、いくらでもいるはずです。

自覚症状の出ないこの病に感染すると、最終的には、身も心もズタズタになってしまいます。

「俺はそんなことはしない」と思うのは勝手ですが、知らず知らずにこの不治の病に感染しないよう、注意するに越したことはないのです。

日頃より、謙虚な姿勢で経営に取り組んでいれば、おのずと質実剛健が身につき、忍びよるこの病気に抵抗力ができてくるのです。

会社を食い物にするな

中小企業は、ほとんど同族経営です。奥さんが専務で経理担当という会社も珍しくありません。

株主も同族か、せいぜい友人関係数人というのが多く、したがって、取締役会も株主総会も形骸化しているか、名前だけというのがほとんどです。つまり、チェック機能が働かない。したがって、会社は煮て食おうが焼いて食おうが俺の勝手、という考えが頭をもたげてくるのです。

700万社あるといわれている日本の中小企業の七割以上が、赤字決算です。努力の甲斐なく、赤字に甘んじている会社も、もちろんあるでしょうが、節税に努めて、法人税をできるだけ払わないようにしよう、という考えの社長は多いのではないでしょうか？

私のまわりの経営者も、九割以上がそういう考えを持っています。自分がいかに節税がうまく、税金を納めていないかということを自慢げに吹聴して歩く経営者にも、時々お目にかかります。

一年間一生懸命に、それこそ寝食を忘れて働き、汗水たらした結晶である利益を、なんでみすみす税金で四割も持っていかれなければらないのか?国は税金で成り立っていることくらいわかっていても、そう考えたくなるのも無理のないところとは思います。

利益は設備や投資に回し、社員に還元し、経営者本人も潤って何が悪いという声も聞こえてきます。

しかし、経営とはそういうものでしょうか?

良く考えて欲しいのです。そういう社長に限って、会社は大きくしたい、他人から認められたい、という気持ちは人一倍なのです。しかし、現行の税法では納税をしなければ会社は絶対大きくならないしくみになっているのです。

たしかに利益の四割は納税という形で消えていきます。しかし、確実に六割は会社に留保されていくのです。先ほどの節税を吹聴した社長も、結局は自分や社員が、所得税に姿を変えて納税していることに気づくべきです。利益が出れば社員に還元するのは当然でしょう。

しかし、法人税をさけるために、決算前によけいな出費をしていないだろうか?そういうことに頭を使う暇があったら、堂々と申告して納税すべきです。

会社を大きくしていく、信用をつけていくということはそういうことなのです。これから会社を引き継いでいく後継者の方には、ぜひ心がけて欲しい経営のイロハだと思います。

経営者にとって自信過剰症ほど怖い病気はないのだ

儲かっている経営者にほど取りつくやっかいな病気、それが自信過剰症です。経営も長くやっていると、時流に乗ってスイスい儲かる時が、いつか向こうからネギをしょってやってくるものです。

中小企業の一部業種にとっては、消費税の簡易課税制度ほど有利な税制はなかったはずです。益税で合法的に潤った企業は数知れません。

しかし、この制度も国民の不公平感に裏打ちされた反発を受け、数度の見直しを経て、現在、中小企業にとってうま味のある制度でなくなったことはご存じの通りです。

本来、益税分は利益に加算して、法人税を支払うべき筋合いのものだったのですが、平成元年からの長く続いた簡易課税制度にならされた一部の経営者は、益税が未来永劫に入るものと勘違いし、すべて節税と称して経費で使い切ってしまっていたのです。

そして、時は流れ、現在は5000万円以上の売上のある事業所は、簡易課税を適用できなくなり、益税分の収入を期待できなくなった事業所は、簡易課税時代に膨れ上がった経費の縮小に、現在、必死になっています。そういう業者は、何年間もたまたま時流に乗って、儲けが出ていたに過ぎないのです。

消費税問題を例に上げましたが、経営者というものは時流に乗って儲かっている時は、どうしても先のことが読めなくなり、汗水たらして働いても儲からない経営者が、馬鹿に見えてくるものなのです。

そして、自信過剰症となり、さらに高慢症を併発して経費を湯水のごとく使い、倒産への道をひた走る人も出てくるのです。

儲かっている時こそ経営者の正念場です。第四章で説明する半分の法則を思い出して「勝って兜の緒を締める」経営者でなければ、逆境になった時に生き残れないのです。

自慢話に明け暮れたり、横柄な態度をしているうちは半人前だ

先日、何気なくカーラジオを聞いていたら、タレントの中村雅俊さんがトーク番組の中で「下積み生活の長かった芸能人は、なぜか威張り散らす人が多く、態度も横柄だが、下積みを経験せずに彗星のごとくデビューしたタレントは、大スターになってもいつまでも謙虚だ」という意味のことを話していました。

芸能人に限らず、経営者も普通下積み生活が長く苦労していれば、人の痛みのわかる立派な人物になりそうなものなのですが、そうならない人もいるところに、人間の弱さがあるのでしょう。

苦労して、それなりの成功をおさめた人は、しいたげられた反動からか「他人に認められたい」「他人から「お前はたいした奴だ」とほめられたいという気持ちが潜在意識の中に大なり小なりあるものなのです。

しかし、だからといって新人や他人に当り散らしたり使い走りをさせて満足感や優越感にひたっているようでは、あまりにも小さな人間だといわざるを得ません。戦前の軍隊の内務班で

は、星の数一つの差で私的制裁が日常茶飯事でおこなわれていたそうですが、それとあまりかわらぬ陰湿さを感じます。

また、「認められたい」という気持ちが、いわずもがなの「自慢話」につながる人も多いものです。そいう人の話は、最初は真面目に聞いていても、会うたびに大同小異の自慢話につきあわされていると、閉口してしまうものなのです。

中には、針を棒のごとく脚色して話す人もいますし、どこまでが本当の話なのか、あるいは夢と現実の境さえもさだかではない人もいます。

いずれにしても、本当に成功している経営者は、とくとくと自慢話などしなくとも、他人は自然に尊敬してくれるものなのです。

後継者の皆様は、これから成功を重ねていかれると思いますが、功なり名を遂げても謙虚に「世の中のお陰で生かしてもらっているのだ」と常に感謝し生きることを、忘れてはなりません。

「稲穂は実れば実るほど頭をたれるもの」なのです。

人の話を鵜呑みにせず信念を持て

後継者は、先代よりも高学歴であることが多く、物事を理詰めで割り切ろうとする傾向が見られます。

先代の旧態依然の、経営方針にメスを入れ、会社に新風を吹き込もうとする意欲は大いに買えます。しかし、経営書を読んだり、経営セミナーに通い、大手経営者の成功談を聞いて勉強するのはいいのですが、それを鵜呑みにして自分の会社に持ち込み、先代や従業員が築いてきた信用を傷つける、といったパターンが意外に多いのも事実です。

例をあげると、信賞必罰をはっきりさせ、社員をしっかりしつけなさい、ということをどこからか聞いてきた製造業の二代目社長、さっそく懲罰委員会なるものをつくって社員を締め上げはじめました。

私から見ると、たしかに、多少アットホームにすぎる嫌いのある会社ではありましたが、先代社長以下、よくがんばって業績をあげている会社だったのです。

案の定、一年後、この会社は疑心暗鬼となり、生産量は低下し、今や見る影もない調落ぶりです。

また、価格破壊をとなえる大手スーパー社長の著書を呼んで、一念発起。異業種に安易に参入して元も子もなくした、貿易会社二代目のA社長。経営はトイレ掃除からはじまる、と朝から晩までトイレ掃除のみに専念し、肝心の本質を忘れてしまった、施設会社の二代目N社長と、この手の失敗談はいくらでもあります。

要は、自分自身の確固たる信念を持つということ。先代の方針を換えるときは、先代の教えをこうだけでなく、社員の意見を聞き、社員とその家族の幸福と契約先や取引先との信頼関係を損なわないよう、十分に熟慮してからでも遅くはありません。

どのような偉人、成功者の話でも、あなたとの会社にピタリとあてはまることは絶対にないのです。十分にかみ砕いて欲しいと思います。

酒場では飲んでも飲まれるな

営業戦略上、夜の接待が欠かせない業種もありますが、普通、中小企業経営者が飲みに出かける時は、業界の打ち合わせの二次会や勉強会や集会の打ち上げなどで、気のおけない連中と愉快にやるのが一般的です。

人間、不思議なもので酒の席では本音がポンポン出てきますし、相手の意外な一面を垣間見ることもあり、適度な付き合いが人生勉強になるのは間違いありません。

また、日頃真面目な経営者が、酒が入ると突然豹変して酒乱となり、大立ち回りを演じたり、超変態人間になるなどということも結構あります。翌日、本人はケロリとしていますが、いったん見せた醜態は、誰もがいつまでも覚えているものです。

経営者も長くやっていると、逆に醜態を売り物にするずうずうしい大物も出てきますが、それは例外で、あまり若いうちから醜態をさらけだして、世間のひんしゅくを買うのは決してほめたことではありません。

また、エリートや二代目経営者は、ストレスに弱い人が多く、いったん快楽を覚えると、トコトン墜ちていく人も多いもので、常に身を律して生活をする必要があります。概して、二代目経営者は洗練された独特の雰囲気を持っていて、酒の席では良くもてるのですが、海千山千のホステスやピンク産業の女性に引っ掛かって人生を踏み外した人も多いのです。

本当は「金の力でもてている」にすぎないということをしっかりと覚えておいてください。

彼女達の名誉のために一言つけ加えておくと、昔から水商売の女性は身持ちが堅く、人生の機微を知っていて、経営者の嫁として最高だといわれ、事実、水商売の女性を妻にして、内助の功よろしく成功した経営者も多数いるのです。

しかし、本妻にするのならそれでもいいでしょうが、ほんの浮気のつもりがズルズルと深みにはまり。抜き差しならぬ状況に追い込まれ、経営どころではなくなった経営者は、はいて捨てるほど存在するのです。熟練の水商売の女性から見れば、あなたは、ほんのヒヨコにすぎません。経営者は常に誘惑の魔の手にさらされているのです。

「酒は飲んでも飲まれるな」そして「金があれば酒の席でもてるのは当たり前」という格言をしっかりと胸に刻んで、あなたは凛とした青年経営者であるべきです。

年寄りの遊びである、酒や女遊びなどにうつつをぬかしていては、頭がぼけてビッグビジネスをつかみそこねるのです。

第4章

経営実務のカンどころ

ライバルの存在は人間を強くする

経営者にとって、本来経営というのは、自分自身との戦いであり、他社の動向など気にする必要はないのですが、事業を継承したばかりの経営者にとっては、やはり当面の目標とする好敵手が必要だと思います。

スポーツなどでも、ライバルがいて「あいつにだけは負けたくない」「やられてたまるか」と切磋琢磨する人は、技量が向上していくものです。同期頃、後継者となった経営者や自社の規模より上位の若手経営者を、心のライバルとしてがんばることは、よい結果をもたらすものです。

ただし、一言いっておきたいのは、闘争心むき出しにしてがんばるのは結構ですが、その結果、自社がライバルに差をつけて上位にランクされるようになっても、相手を見くびったり、バカにすると、とんでもないしっぺ返しを受けることになりますから注意してください。相手を尊敬し、認めてこそ、真のライバルといえるのです。

しかし、あまりに低レベルの経営者を当面のライバルとして失敗した経営者も少なくありません。ライバルに転じて単なる悪友と化して「マージャンだけは、あいつに負けられない」「次のゴルフコンペでは絶対あいつに勝ってやる」「あいつよりも良い車に乗ってやる」というようなことで競い合うようになってはおしまいなのです。ライバルとは、あくまで仕事上で競うものだということを、忘れないようにして頂きたいと思います。

自社のレベルが上がれば、新たなライバルを見つけて、次の目標に向かってさらに闘志を燃やしていかなければ、進歩はないのです。

金もうけのネタはあなたのポケットの中にもある

今すぐ、ポケットに手を突っ込んでみてください。小銭がジャラジャラいっていませんか？ジャラジャラしていない人は、財布をポケットやハンドバックから出してください。そして、小銭を机に並べるのが第一の作業です。

次に、500円玉から一円玉まで仕訳をするのが、第二の作業です。

さて、500円玉から観ていきましょうか。まず、年号を見て、昭和62年、昭和64年発行のコインを選びだしてください。発行枚数の少ないこの年号の500円玉は、コインマニアの間では、昭和62年で一枚1500円~3500円、昭和64年で600円~1800円の価格で取り引きされているのです。

他の、昭和年号の500円玉も、未使用分でしたら、既に800円程度の価格がついていますから、将来、有望株といえるのではないでしょうか。

日本貨幣カタログによると、100円玉も昭和42年~45年分には、状態により一枚150円~2000円のプレミアムがついています。

50円玉も、同じく昭和42年～昭和45年で状態により一枚100円～2000円、造幣局の発行のミントセット組み込み分しか発行されなかった昭和62年分などは、市場価格一枚2万円～2万5000円が相場だそうです。

10円玉は、昭和32年、一枚1000円～1万円、昭和34年～昭和43年発行分までそれぞれプレミアムがついています。

1円玉ですら、昭和30年の未使用貨幣には、何と5000円～一万円の高値がついているそうです。

「何だ随分、セコイ話だなあ」と思ったあなたは、もう少し金銭感覚を磨いた方がよいでしょう。昔からいうではありませんか、「一円玉を笑うものは一円に泣く」と。

反対に、コインを選びだして、今後、貯金箱に入れておこうと考えたあなた。あなたは、すぐれた金銭感覚を持っています。この金銭感覚は、経営者として大きな武器になります。大事にしてください。

金もうけとは、このようにあなたの身の回りにいくらでも転がっています。コインの話についでに、長野オリンピック記念金貨で儲かった人についてお話ししましょう。

平成8年11月、平成9年5月、10月に造幣局よりハガキによる申込受付が実施された長野金貨は、発行数限定、わが国初のプレミアム金貨ということで人気を呼び、11月の一次で金貨単独セット25倍、二次では57倍、三次で57倍の抽選倍率となったそうです。

有効ハガキが、多数当選しても一人一枚限りということで、せいぜい家族分のハガキを書いた人がほとんどだったのですが、ある目先のきく人は、親戚、知人の名前を借用、印刷という手を使って数千枚単位の応募ハガキを発送し、１００個以上の金貨を取得。それをコイン業者に買い値の倍額で売却し、数百万の利益を稼ぎ出したのです。現在はコイン市場は低迷しています。

目のつけどころが違う人は、チャンスを有効に活用しています。コカ・コーラなども、最初は薬として開発されたそうです。

柔軟な発想の転換、これが誰にでも平等にあるチャンスをものにできるかどうかの境目といえるのです

魔法の錬金術「半分の法則」

中小企業経営者の中には、景気の良い時には湯水のように経費を使うのに、景気が悪くなると、たちまち手のひらを返したように、鉛筆1本にまで眼を光らせる人もいます。

しかし、突然そのような露骨なことをやりだしても、従業員は経営者の変節に右往左往するか、経営者を馬鹿にするだけで、成果は思うようにあがらないのは当然です。経費節減は、景気の動向に関係なく、朝、顔を洗い、口をすすぐのと同じ感覚で日常の生活でごく自然に実施しなければなりません。

私は、自然と身についた「半分の法則」という生活信条を持っており、日頃より私生活と経営両面の指針としています。

簡単にいうと、「給与が10万円の時は5万円で生活して5万円は貯蓄する」「100万円の時は50万円で生活する」ということで、給与の上昇に合わせて、生活レベルも貯蓄もアップさせるやり方です。

世の中には、ブランド品で身を固めていても、財布の中身は空っぽの人も結構います。つまり、「10万円しかないのに20万円の生活をする」人も結構いるのです。

会社経営者の中にも、借金で背伸びした経営をする人もいますが、そういう人たちの行き着く先は、個人ではカード破産、経営者では資金が枯渇して倒産なのです。

「半分の法則」を会社経営に当てはめると、たとえば、固定経費を除く一般経費が月に100万円使えるのなら、50万円以内で収めるということになります。

「一般経費はともかく、固定経費は売上にスライドして削減などできない」という人もいるでしょう。しかし考えてもみてください。「半分の法則」は、背伸びなどしない堅実経営の法則なのです。景気や売上の推移に関係なく、使える経費は常に実力の半分なのです。

したがって、人員増員や設備投資などの固定費アップにつながる経費は、いつも実力の半分以内で実施しているはずです。固定費だけが異常に突出することは、絶対にありえません。

「半分の法則」は、必勝の経営法です。景気が悪くなったからといって、リストラなどに神経を使う必要もありません。景気の動向には関係なく実力の半分で経営し、半分を貯蓄して総合力を貯えるのです。さらに、ここ一番の勝負時には、貯えた力の半分を使って勝負するのです。

「勝負時には一気に全兵力を投入すべきである」という教えもありますが、それは、裸一貫の叩き上げ創業者の創業期にいえることであって、そのまま通用することではありません。「常に余力を持って勝負すること」は大切なことです。

しかし、余力があるからといって、いいかげんな勝負をしてはいけません。常に「半分しかない」と思って背水の陣で経営にあたることはとても大切なことです。

税金に対する考え方等も、利益の半分以上は残るのですから、この半分の法則にしっかりとあてはまるわけです。

私は、この「半分の法則」を忠実に守ったおかげで、街の小さなスーパーの住み込み店員から社会人としてのスタートを切ったにもかかわらず、24歳までには、会社を創業できるくらいの資本金を貯蓄することができましたし、現在もこの「半分の法則」のお陰で、個人的にも会社としても完全無借金の生活をさせて頂いています。

あなたも今日からこの「半分の法則」を公私ともに実行してみてください。数年できっと見違えるような、あなたと会社になること請け合いです。

「借入金月商三ヵ月以内の原則」を熟知しておけ

無借金経営は、理想の経営でしょうが、借金なしで積極的経営を続けていくのは、至難の技です。むしろ、借入金があるのが普通の企業といってよいでしょう。

バブル絶頂期には、土地に莫大な担保価値があり、金融機関はそれこそ、いくらでも企業や個人に融資していたものです。当時、この機会をのがせば儲け損なうとばかりに、大手企業経営者から街の商店経営者に至るまで、投資に狂奔した人はたくさんいました。

しかし、目一杯借り入れて、「返済は儲けでなんとかなるだろう」などと甘く考えていた人は、例外なくバブル崩壊後の今日、金利負担や返済に死ぬ程苦労しています。もちろん投資の失敗が原因で倒産した企業も数知れません。

借入金には限界があります。銀行が「いくらでも貸しますよ」などといってきても、簡単に話に乗ってはいけないのです。

賢明な経営者は「銀行の貸付枠」とは別の「借入枠」基準を持っているのです。借入金は、当然のことながら返済の義務があります。そして、金利負担の責任を負うのは当然です。

金利は、経済動向により上昇したり下降したりするものですが、金利が少し上昇しただけで経営に支障をきたしてくるようでは、健全経営とはいえません。金利は利益から支払うものです。利益というものは、すべての産業の平均で年間売上高の1・11％に過ぎないのです。

つまり、健全経営を維持するためには、借入金は、年間売上高の1％以内で押さえなければならないといえると思います。

世の中には利益率20％などという好調業種も存在しますが、それでも年間売上高の1％以内で金利負担を押さえるべきだと、私は考えています。なぜなら、未来永劫に企業が発展し続ける保証などどこにもありませんし、概して、好調業種の経営者は、自信過剰に陥って過剰投資に走る傾向にあり、取り返しのつかない失敗をするものなのです。

歯止めのない暴走ほど怖いものはないのです。つまり、年商一億円の企業を例にとると、金利負担は、年間100万円以内となり、年間金利4％で借入をした場合、2500万円の借入が限度となるのです。月商が833万円ですから、月商の3倍2500万円がこの会社の運転資金を含めた「借入枠」なのです。

節税の上手な経営者は成功する

「利益をあげて蓄積することが成功へのパスポートだ」と本書で力説している私が、節税の効用を説くことは、奇異なことに映るかもしれませんが、実は上手な節税は、最終的に利益を増加させることにつながるのです。したがって、税金対策を抜きにしては経営は語れないものなのです。

経営者が節税に熱心なあまり、赤字スレスレの決算を良しとしていたのでは事業の発展などおぼつかないのは当然です。

しかし、上手に節税のできる経営者が成功の確率が高いのも、事実として受け止める必要があります。

会社の支払う税金が、コストを構成する重要な要素の一つであることは、疑いようがありません。しかも税金対策は、肝心の税引後利益確保に大きな影響を与えるわけですから、節税感覚を磨くことは、経営者にとって重要な仕事だといえるのです。

ここでは、黒字が確定した段階での節税のしかたについて考察することにします。

決算前の税金対策とは、つまるところ所得を減らして、税金を削減することであることはいうまでもありません。しかし、利益が出そうだからといって安易に所得減らしに踏み切るのは考えものです。あくまでも、来期や将来の事業発展に貢献する投資でなければ、意味をなさないのは当然です。

たとえば、従業員にやる気を起こさせるために、特別に決算賞与を支給するのは、結構なことですが、通常の賞与にプラス支給したのでは、従業員はその額をベースに次の賞与を考えるようになり、来期以降業績が落ち込んだ場合、結果的にはマイナスに作用してしまうものなのです。

私の知人の経営者は、消耗品を購入し過ぎたために、貴重な事務所スペースを占拠させて、長い間ほこりをかぶらせて放置していたものです。いかに節税とはいえ、必要以上の消耗品は、無用の長物にすぎません。

設備や機械を修理して、修繕費として支出したりする時は、資本的支出とならないように注意が必要ですし、海外旅行などでも、宿泊費は従業員の参加比率等制限がありますので注意が必要です。

いずれにしても、節税に関しては、素人判断で対処せず、税理士等専門家の適切なアドバイスを受けて、時期を失せずに決断実行する必要があるのです。

チャンスには果敢に挑戦しろ。ただし、リスクのない儲け話などこの世に存在しない

最近の中小企業経営者は、例外もありますが、バブル崩壊以来すっかり萎縮してしまって元気のない人がほとんどです。

バブル絶頂期に、株や土地や絵画に投資したり、各種の会員権を購入したり、マンション経営に手を出した経営者の中には、ひと山当てるつもりだったのに、あてがはずれて借金地獄に苦しんでいる人も多いのです。

今さら何をいっても遅いのですが、やはり世の中にリスクも犯さずに濡れ手で粟のボロ儲けなど存在しなかったのです。

しかし、一度の失敗に懲りてリスクを恐れてばかりいたのでは、折角の好機を逃すことにもつながりかねません。事実、土地価格低迷のこの時期こそ、自社ビル等購入予定の人にとっては千載一遇のチャンスともいえるのです。

中小企業経営者は、連戦連勝など考えてはいけません。いかに熟慮した結果でも失敗することはあるのです。

かくいう私も、バブル期に銀行の勧めに従って高額のゴルフ会員券を二口も購入した結果、いまや資産価値は、額面の五分の一くらいになって、現時点では大損をしている計算です。これなどは大失敗といってもよいでしょう。

しかし、私は失敗してもクヨクヨしたりはしません。反省して同じ失敗を二度と繰り返さないだけです。

これだけ心に余裕があるのは、「半分の法則」そして「借入金月商三倍以内の原則」を厳守して勝負したからだといえます。リスクを恐れて好機を逃すのは、経営者として得策でないこともあるのです。

ただし、この二つの法則を破ってまでも、勝負するべきではありません。やみくもに借入を起こして、一獲千金を夢みたギャンブル好き経営者の末路はあわれなものなのです。

うまい話に気をつけろ

継承したての新米二代目経営者は、本人の意志にかかわらず、世の中からは「世間知らずの坊ちゃん経営者」と思われているのです。

実際、継承後、先代や従業員の手前、早急に業績を上げて格好をつけようとする二代目は多いのです。

そこにつけ込んで、悪徳業者やブローカーが「うまそうな話」を持ち込んでくることは良くあることですので注意してください。詐欺に引っ掛かって、先代が営々と築いてきた優良企業を一夜にして失った二代目はいくらでも存在します。

「俺はそんない甘い人間ではない」という人もいるでしょうが、事業欲のある有能な経営者であればあるほど、海千山千のプロの詐欺師の「儲け話」に簡単に引っ掛かってしまうものなのです。

ズバリいっておきます。

「儲け話はそれを持ってきた人にとっての儲け話で、あなたはカモにすぎません」あとで後悔したのでは遅すぎます。うまい話が持ち込まれたらまず疑いなさい。そして納得がいくまで徹底的に調査するのです。

人の話をすぐ信用したり、断りきれない格好つけたがりの経営者は、三流経営者だということをしっかりと覚えておいて頂きたいと思います。

「大物を紹介する」とか「大手の取締役にコネがある」などの話に簡単にのってはいけません。ベンツに乗った「肩書きの立派な紳士然とした中年男」などが持ち込んでくる話は要注意なのです。名刺一枚で人を信用して、取込み詐欺にまんまと引っ掛かった履物問屋の三代目等、この手の話は、はいて捨てるほど存在するのが現実です。

世の中に濡れ手で粟の儲け話などありません。一獲千金の夢など見てはいけないのです。地道にコツコツと経営することこそが成功への近道だということを頭に叩き込んでください。あまり欲張らず「足ることを知って生きる」ことも経営者にとって大切なことといえるでしょう。

本題からはずれますが、銀行等の持ってくる話などにも簡単にのってはいけません。信用ある銀行や友人から結果的に裏切られることもあるのが、世の中というものなのです。

家族経営の陥りやすい罠とはなんだろう

ファミリーで会社を運営する中小企業は、多いものです。奥さんと二人で個人経営からスタートして、少しずつ規模を大きくしていき、いわゆる「法人なり」となった会社はたくさんあります。

家族経営には利点が多く、身内を使うことによる節税効果はもちろんのこと、苦しい時は無理もききますし、なんといっても良く働く安い労働力は得難い財産だといえます。さらに、会社が軌道にのってから、ファミリーで多額の役員報酬を分け合っても、経理担当が身内であれば、一切従業員に知れることはないのですから、こんな有利なことはありません。

私は残念ながら、独身の時に会社を設立したものですから、結婚した時は既に優秀な事務員さんが勤務していて、ついに今日に至るまで一度も家内を会社に入れることなくすごしてきました。

一人の親族も採用せずに他人を使って事業を営んできましたので、自然とガラス張りの経営となり、従業員の目を気にして、会社のお金を自由にできない分だけ、ある意味ではファミリー企業がうらやましくもあります。しかし、ガラス張りだからこそまがりなりにも「完全無借金企業」に会社を育て上げられたのではないかと、今になって思い当たるのです。

外部からファミリー企業を拝見していると、たしかに団結している時は素晴らしいパワーを発揮するのですが、先代より後継者にバトンタッチされる時などに、親族が不満を爆発させたりすることはよくあることですし、意見の食い違いや利益配分の仕方、あるいは、遺産わけの問題等で、骨肉の争いをする会社も皆無ではないようです。

ファミリー企業は、生きるための生業段階までは、かなりの努力が必要になってくるようです。

事業段階になっても、当初はファミリーと少数の従業員で充分なのですが、事業規模が拡大するにつれて、多数の他人を使わなければならなくなるのは当然です。

事業会社には、事業の会社としてのモラルがあります。たとえば、冠婚葬祭に出費した費用等を経費で落とすファミリー企業はいくらでもあるのですが、そうゆうふうに、個人と会社の財布の区別がつかない経営者のまま事業の会社の経営者になることは、ルール違反なのです。

長年、生業感覚でやってきた経営者は、いつまでも個人経営的感覚から脱皮できない人が多く、自らの事業の発展を疎外しているものなのです。

もし、あなたが家族経営の会社を継承されるなら、ファミリー企業の利点でもある「速断即決の精神」に「人の意見を聞いて取り入れる」ことを加味して、さらに、会社と個人とを冷徹に切り離した経営を実施されることをお勧めしたいと思います。

それがありきたりの生業会社を脱皮して、事業会社として会社を繁栄に導くための近道なのです。

後継者は、自分の親族には気を使わなければならない

同族会社の会社の場合、親族が力を合わせてがんばっている会社は、ほとんど例外なく、順調に伸びていくものです。ところが、ちょっとしたことで、一度、その関係が崩れると、意地の張り合いとなり、収拾がつかなくなることもあるので注意してください。

私の知り合いの経営者も、この原稿を執筆中に、ささいなことで兄弟ゲンカをして、現在、それぞれの家族を巻き込んで、分裂騒ぎにまで関係が悪化しています。

経営者の中には、従業員には何かと気を使うのに、兄弟や親族には「俺の考えていることくらい、いちいちいわなくともわかるだろう」とばかり、まったく気を使わない人も多いのです。

しかし、気心の知れた兄弟といえども、別の人格なのです。まして、兄弟に、配偶者や子供がいる場合、思考パターンも、微妙に子供の頃と違ってきているのは、当然と考えなければなりません。

経営方針に関することや労務管理の問題など、幹部従業員に対するように、きめ細かく報告、連絡、相談をしなければなりません。

人間、「頼りにされている」と感じている間は、決して造反などしないものです。有力な味方である親族に、気を使うのは当然と考えてください。

秀吉も、弟、秀長の協力なしに、天下取りなど不可能だったのです。

社長は、親族と充分に意志の疎通を計り、いいたいことが、いつでも堂々といえる雰囲気を作っておかなければなりません。そして、耳の痛い意見にも謙虚に耳を傾け、改めるべきは改めなければなりません。

先代が、弟を後継社長に指名し、兄を専務に指名した会社を私は知っています。

おそらく、先代は弟に「経営能力あり」と判断したのでしょうが、先代の目に狂いなく、弟は専務である兄に尊敬の念を忘れず、役員報酬も同額にして厚遇しているそうです。

「兄弟姉妹は、いつまでも仲よく元気でいて欲しい」それが先代の心だと思います。骨肉の争いなど、本当に見苦しいものなのです。

情報を制するものは一歩先んずるのだ

この世は情報社会です。情報なくして、経営はなりたちません。経営者の仕事は、情報収集にあるといっても過言ではないのです。

他社よりも、一日でも早く新規物件の情報を仕入れた方が、はるかに有利なのはいうまでもありません。新たなアイデアは、何もせずに湧いてくるものではありませんから、経営者は、常に情報のアンテナをはり巡らしておく必要があるのです。

具体的には、朝、必ず業界紙や新聞に目を通すこと。そして、重要な記事や将来役に立ちそうな記事は、切り抜いて保管すること。あらゆるジャンルの本を読んで、勉強を欠かさないこと。ポイントは、マーカーで印をつけて、いつでも読み返しができるようにしておくこと。インターネットを活用すること。

ニュースは欠かさず見ること。何でも、日常ひらめくことがあったらメモを忘れない、各種セミナーや勉強会に積極的に参加する。人のいうことを、しっかり聞く。などがあげられるでしょう。

太平洋戦争中、日本は、英米に対して物量もさることながら、情報戦において大きく遅れをとっていました。日本の暗号は、対戦中に米国の情報機関の手によって骨抜きにされて作戦計画が筒抜けになっていたのです。中小企業経営者は、情報力については、織田信長を見習わなければなりません。

彼は、九分九厘負け戦であった桶狭間の一戦で、今川義元を討ち取り、天下への足がかりを掴みましたが、かれは日頃より領内の情報網を整備しており、大軍が運用できない地形である桶狭間に、今川義元が休息しているとの情報をいち早くキャッチすることができたのです。まさに、情報収集能力が明暗を分けたのです。

情報に強い経営者は、一歩先をいくことができるのです。ぜひ今日から、実行して頂きたいと思います。

危ない取引先の兆候はこう読め

一部上場会社すら、場合によっては倒産してしまうのが、経営の怖いところです。まして中小企業は、いつ不渡り手形をつかまされ、倒産の危機に追い込まれるかわかりません。企業防衛のため、危ない取引先を察知して、早めに手を打つことは大切な経営者の仕事なのです。

私の会社も過去二回、相手に倒産され、多額の損害を被った経験があります。その経験から得た、倒産のきざしを箇条書きにしてみました。

①ふだん横柄な態度の取引先の担当者が、急に腰が低くなった。
②取引先の幹部クラスが、最近、突然退社した。
③取引先を何度訪問しても、経営者が会社にいたことがない。
④その会社に関するよくないうわさを耳にした。
⑤提出した請求書を、なくした、落とした等、理屈をつけて何度も再提出させる。
⑥担当者に落ち着きがない。こちらの目を見て話さなくなった。
⑦夢のような事業計画を長々と聞かせるようになった。
⑧経営者が、宗教活動や役職に熱中しているらしい。

⑨経営者の健康状態が悪く、会社を預かる番頭クラスの経営力に疑問がある。
⑩昔から、経営者の生活が派手で、金づかいが荒い。
⑪約束を破ったり、あきらかにそれとわかる不自然な嘘をいう。
⑫以前、別の会社を倒産させた経験があるらしい。
⑬最近、豪邸や分不相応な自社ビル、自社工場を建設した。
⑭経営者が、最近、投資に熱中している。
⑮新規開設した営業所や新規事業が、うまくいっていない。
⑯街金融から融資を受けている。
⑰事務所が雑然としていて、従業員が暗い雰囲気を漂わせている。

このように、倒産の兆候は必ずあるのです。

営業マンの報告等をしっかり聞いて、傷が深くならないうちに、こちらから契約を解除する、取り引きを一時停止する、等の処置を早めに取らなければならないのです。

また、万一に備えて中小企業倒産防止共済制度にも、加入しておきたいものです。

転んでもタダでは起きるな

人間社会は、いろいろな価値観や特性を持つ人々の集合体ですから、人の交流を通じて、新しい技術や学問等が開発創造されていきます。ところが、価値観や特性の相違は、反面、おおきなトラブルのもとともなります。世の中が、自分と同じ価値観の人間ばかりで構成されているのなら苦労はありません。

ところが、世の中には、「人が不幸になるのが嬉しくてたまらない」という人もいますし、中には「人をだますのが生き甲斐」という人も存在するのです。

こういう性格の人は、社会的地位などにかかわらず、あらゆる階層に存在し、表面上は常識的生活を送っているのが普通ですから、見分けることは難しいのです。一般社会から隔絶された、高尚な世界と思われている学問の世界でも、出世欲や名誉欲に取りつかれた人も結構存在していて、足の引っ張り合いや責めぎ合いがあるのです。

経営者の世界には、名誉欲、金銭欲、性欲、物欲、自己顕示欲といったあらゆる欲望が渦巻いていいます。

これからあなたが、仮に清く正しく生きていったとしても、信じていた人から裏切られたり、足を引っ張られたり、影で笑われたりすることもあるのが人生だと考えてください。そういう時は「良い勉強をさせてもらった」と考えて相手のペースにのってはいけません。人をやっかんだり、恨んだり、愚痴や不平不満を心にためこんでいる人は、不幸な人生を送っているのです。「かわいそうな人だ」と許してあげなければいけません。

私は、20歳の時、仕事のかたわらに当時ブームの兆しがあったカラオケ機械のリースに挑戦。悪質業者にみごとに引っ掛かり、詐欺でコツコツと貯蓄した全財産を失った経験をもっています。しかし、その経験から生活信条である「半分の法則」を体得することができたのです。人生、何ごともムダということはありません。損をするのも、成功をやっかまれるのも貴重な人生勉強なのです。

不幸を恐れていると次々と不幸がおそいかかってきます。病気の時は病気のように、親族がこの世を去った時は去ったように、逆らわずに生きて行くのが極意です。

人の思惑などに左右される必要などありません。明るさを忘れず、転んでも「何クソ」と路傍の石でもつかんで立ちあがる根性を身につけている人には、貧乏神や疫病神も太刀打ちできないのです。

価値観の違う人間とつき合うにはどうしたら良いのか

人間の価値観は様々です。肩書きに命をかける人もいれば、子供の成長に望みをかけている人もいますし、金もうけがすべての人も、スポーツや趣味に没頭する人もいます。

しかし、価値観とは、その当人と同類の人たちだけに通用する事柄であって、価値観の異なる人から見れば、実にくだらないことに奔走しているように見えるものです。

たとえば、サラリーマンの出世競争なども、当人達は必死かもしれませんが、部外者やそういうことに興味を見出せない人から見ると、たいしたことであるとは思えないものです。趣味の世界などでも、他人から見るとガラクタ収集に明け暮れているように見える人もいますが、当人と趣味を同じくする人たちにとっては、いかなる宝物にも換えがたいものなのです。

あなたと価値観の違う人間は、世の中に多数存在して当たり前なのです。しかし、価値観が違うからといって、他人を馬鹿にすることはできません。

ある大手企業のサラリーマンで、出世競争に勝ちのこって、若くして取締役に抜てきされた人がいました。仮にA氏としておきましょう。A氏と同期のB氏は、なんと万年係長にすぎません。しかし、B氏は会社の肩書きなどに価値観を見い出すことはありませんので、A氏をやっかむことなく、今日まですごしてきました。

B氏の価値観とは、個人としての財テクにあったのです。彼は、会社の仕事はほどほどに、せっせと株の売買に精を出し、通信販売の副業などもしっかり手掛けていて、A氏が取締役に昇進した時は、すでに二億円近い現金を握っていたといいます。

B氏は、会社では落ちこぼれ社員にすぎませんが、彼にとっては、リッチな老後は約束されたも同然ですから、今さら昇進の話など持ち込まれても、鼻にもかけないのです。

このように、人の価値観とは、同じ釜の飯を食っていても、全く違うものなのです。自分と同じ価値観の尺度で人を計ってはいけないということが、おわかりいただけたでしょうか？ とはいったものの、あまりにも自分から見て価値観の違う人とは、相性が悪いのは当然です。そいう人との対処方法について要約してみましょう。

①価値観の違う人間と同じ土俵で戦うな。労力のムダ使いだ。
②愚痴をいうな。人をやっかむな。恨みごとをいうな。
③相手の価値観の尺度で馬鹿にされても、笑い飛ばせ。
④自分の価値観を相手に押しつけるな。
⑤非難されたら、なぜ、非難されたのかを考えろ。そして反省すべきは改めろ。

⑥自分の価値観がすべてではないことを知り、他人の価値観に理解を示せ。

⑦価値観の違う人間から学ぶことは多い。進んで相手の話を聞け。

⑧あまりにも狭量な価値観の人間とはつき合うな。

以上、私の体験から書き連ねてみましたが、いかがでしょうか?

自分の価値観に固執してはいけないのです。人を使い、経営者として世渡りしていくということは、大変なことなのです。

銀行とはどうつき合えば良いのか？

企業と銀行とは、商売上切っても切れない関係にありますから、経営者は、取引銀行との関係維持に神経を使う必要があるのです。

後継者の場合、すでに先代の時代にメイン銀行が決まっているのが普通ですから、メイン銀行との友好関係継続が当面の課題ということになります。

銀行は、取引き会社のデータをコンピュータ管理していますので、数字的には、あなた以上にあなたの会社の内情に詳しいこともありえます。

あなたの会社の毎日の取り引き実績等も、月中累計で即時に渉外担当者の手許へ届けられているのです。取引銀行が一行だけしかないとすれば、あなたの会社の実体はすべてメイン銀行に知られていると考えて間違いありません。

一行取引は、一行集中による信用の増大、担保の有効活用、スムーズな融資決定等、メリットも多いのですが、万一あなたの会社が信用を失うような事態が発生した場合は、はたして迅速な支援をしてもらえるのかどうか疑問が残ります。また、一行の融資力には限度がありますから、いざという時に、思うような融資を受けられないということも考えられます。

もし、あなたの会社が一行取引きをされているとすれば、補完する意味からもサブ銀行を一行くらい持たれることを検討されたほうが良いでしょう。すでに数行取引のある会社の場合、取引きのない銀行の渉外担当者が、向こうから取引勧誘にきた時、横柄な態度で追い返していませんか？このような場合でも、どこでその銀行と取引関係が生じるかわからないのですから、断る時も「いずれよろしく」と関係維持をしておくのが上手なつき合い方なのです。

また、取引銀行より銀行マンがきた時は、少々の用件があったとしてもなるべく時間を割いて、雑談でも何でもしておくべきでしょう。

こちらから、できるだけ取引銀行へ顔を出して、支店長等と顔見知りになっておけば、情報収集にも役立ちます。相手も人間ですから、用のある時ばかりのお願いでは、迅速な支援などしてくれないのも当然なのです。

また、銀行は、預貯金獲得が至上命令ですから、預金獲得月間等には、協力預金等で応援したいものです。

それから、銀行員と交渉する時は、悲観的な話や恨みごと、愚痴、不平、不満、嘘は厳禁です。

親しくなったからといっても、言って良いことと、悪いことの区別くらいはつけるのが常識なのです。

それにしても、最近の金融機関の貸し渋りは、度を越しています。私は、こういうこともあろうかと「半分の法則」で長年自己資本をコツコツと蓄積してきましたので、痛くも痒くもないのですが、時代の巡り合わせで、資金繰りに窮してる経営者は多いものです。そういう人にアドバイスしておきましょう。

あなたの会社が、銀行融資や公的融資を受けられないということは、発想の転換をすること、これ以上借金が増えないということでもあるのです。一度開き直ってみてください。

私は昔、お金がなくて、三日三晩食事ができなかったこともありました。それでも人間は死にません。最後は気力なのです。経営者は、事業を縮小して、再起をはかる勇気も必要です。縮小計画を貸し渋っていた銀行に持参して、融資が一発で決まった中小企業も存在するのです。

資金を調達する時は金利が重要ポイントだ

資金調達の時、経営者の中には、とにかく借りられれば良い。金利など銀行にまかせておこうという人がいますが、こういう人は損をします。

借入の交渉中に公定歩合や長期プライムレート（最優遇貸出金利）が変更になることは、多々あることですし、銀行内部の審査段階を経て、相場より高めの金利を提示されることもありますから、充分チェックして交渉する必要があるのです。

とことん交渉して、金利を下げさせるのも中小企業経営者の仕事です。担当者まかせで「借りられれば良い」というのでは合格とはいえません。

すでに借入している資金についても、日ごろより金利チェックをかかさず、公定歩合の下がる日は、新聞等見ていればわかりますから、その直後に銀行に金利引き下げの交渉に入るくらいのテクニックは使いたいものです。

銀行では、公定歩合が下がってから、実際の貸出レートを下げるまで、しばらく日数がかかります。引き下げ要請のタイミングとすれば、丁度そのころが良い時期だといえるのです。金利にうるさい経営者には、銀行も一目置きますから、以後の借入交渉では、得をすることも多いのです。

金利に強い経営者は、事業不振の時も、安易に高利の街金融などに手を出しません。

「金利は経費で落ちるから、節税になり、結構なことだ」などと呑気にかまえている経営者は、いずれ泣くことになります。金利感覚を磨くことは、これから経営をしていくあなたの重要課題なのです。後継者であるあなたは、くれぐれも街金融に手を出さないようにしてください。

すでに先代が、手を出している場合もあるでしょうが、これだけはいっておきます。街金融のお世話になっている会社で成功している会社はありません。

高金利を支払えるほど、あなたの会社は立派な会社ではないはずです。自分の役員報酬をカットしてでも、早急に返済に動かねばならないのは当然です。

三年先を読めない経営者は、大型設備投資などする資格はない

自社ビルや自社工場を建設する。さらなる事業発展を狙って新型機械を導入する。いずれも、経営者にとって大きな決断であることに変わりありません。ところが、経営者の中には、実に安易なものの考え方をする人もいて、「出物の土地がある」「ライバルの会社がビルを建設した」「儲け話しが持ち込まれた」というだけで大型設備投資を実行してしまう人もいるのです。

実力のない会社が、背伸びして設備投資等を安易に実行してはいけません。統計では、大型設備投資をした中小企業は、三年以内に倒産する確率が高いという数字が出ています。

現在、好調に事業が推移しているとしても、設備投資をする時は、必ず三年先までの景気の動向や、売上の推移を読まなければなりません。

「半分の法則」そして「借入金月商三ヵ月以内の原則」に当てはめて慎重に決断実行することは、いうまでもないことですが、実行してからも一年目は設備投資学校の一年生、二年目は二年生、三年たってようやく卒業だ、ということを忘れないようにして、三年間は、新たな新規投資により慎重になる必要があります。勢いにまかせて拡張路線をひた走り、取り返しのつか

ない失敗をしてはいけません。

三年先を読めない経営者は、設備投資学校の落第生だということを、肝に命じて頂きたいのです。

とはいったものの、その道のプロでさえの、一年先の的確な判断を下せないのが昨今の社会情勢です。三年先を読むのは、いち経営者には荷が重すぎるのかもしれません。

しかし、経済評論家が何といおうと、景気動向を甘く判断することは厳禁です。情報を収集し、分析してシビアに将来を判断するのが正解なのです。

クレーム処理の時こそ経営者の真価が問われる

商売をしていると、商品やサービスに予期せぬクレームがつくことがあります。大手企業には、クレーム処理の部門部署が存在しますが、中小企業には特別な業種を除き、そのような部署はないのが普通でしょう。

したがって、経営者は「経営上クレームがあるのが当然だ」くらいの覚悟は、日ごろよりしておかなければなりません。

クレームの第一段階は、相手からの電話であることがほとんどですから、女子事務員や従業員に横柄な言葉づかいをしないようにあらかじめ教育をしておくのは当然です。ということで、相手の逆鱗にふれるようなことになっては、小さな問題も大問題に発展しかねませんから、これは重要なことなのです。小さなクレームでしたら、最初の電話一本ですむこともありますが、私の会社はこういうケースでも、迅速に担当者を相手先に出向かせて処理に当たらせています。小さな問題でも、誠意を見せることが大切なのです。

誠意を見せたことによって、以後の取引がかえってスムーズに進むこともありますし、何よりも、クレーム処理は経験がものをいいますから、小さなクレーム処理で担当従業員に場数を踏ませているというわけなのです。

ある程度の規模の会社でしたら、日常の小さなクレーム処理に、いちいち経営者自身が出向く必要はありません。しかし、会社の存亡をかけた大問題の時は、経営者自身が陣頭指揮を取らねばならないのは当然です。

かって、私の会社でも、外勤従業員の不手際で、死活をかけた大問題が発生したことがありました。その時私は、不眠不休で処理にあたったものです。その時の迅速な処理が認められて、その契約先とは現在でも取引がありますが、当時のことを考えると、今でも冷や汗が出る思いです。

いずれにしても、いざという時の心構えは、経営者は常にしておかなければなりません。ことが発生してから、従業員と一緒になってパニック状態になってはならないのです。「葉隠れ」いわく「武士道とは死ぬことと見つけたり」私など凡人には難しいのですが、いつでも腹を切れるくらいの覚悟をしておけば、いざという時にも、泰然自若としていられるものなのです。

クレーム処理が終了したあとは、担当者にねぎらいの言葉と報奨を忘れず、以後同じようなクレームがつかないように、全社をあげて取り組むのは当然です。

これからの経営は「アリ型経営」でなければ生き残れない

私は全国で年間130回の講演活動をしていますが、私はプロの経営コンサルタントではありませんから、私の自論である「アリ型経営論」を中心に話をさせて頂くことにしています。

どなたもご存じのイソップ物語の中に「アリとキリギリス」の話があります。キリギリスは、秋の食べ物の豊富な時期に歌を唄ってのんきに暮らし、懸命に汗を流して働いているアリを馬鹿にしていましたが、やがて冬がきて食べ物がなくなり、アリの家を訪ねてアリに蓄積の大切さを説教されるという、例の話です。

このような子供だましの話は「言われなくても、わかっている」と怒られそうですが、現実の経営者には、キリギリス型の人が本当に多いのです。

景気の良い時、節税の名のもとに経費を湯水のように使い、夜の帝王などと異名をたてまつられていた経営者は論外でしょうが、それと大同小異の人はいくらでもいます。

経済が右肩上がりで永遠に続いていけば、あるいはこういうキリギリス型の経営者は、今も我が世の春をおう歌していたかもしれません。しかし、現実の日本経済は、ご存知のとおり格差社会のただ中です。今や冬を迎えたキリギリス型経営者は、金融機関という女王アリだけが頼りです。

食料である資金を回してくれなければ、春をまたずに倒産という死を迎えることになるのです。

しかし、景気は循環しており、必ず春は巡ってきます。あなたの会社が、もしキリギリス型だったとしたら、今すぐアリ型経営に切り替えなければなりません。本当に景気が向上した時、「喉もとすぎたら熱さを忘れる」ことのないように、今から気を引き締めていかなければならないのです。

自己資本という冬の食料を、アリのごとくコツコツと溜め続ける経営者でなければ、これからの厳しい日本経済を生き抜くことは難しいのです。

私の会社は自己資本比率90％を越えても、まだ緊張感を持続しています。だれが何をいおうと「アリ型経営に徹する」のが、子供の時に父の倒産を経て一家離散となった貴重な経験から得た私の経営哲学です。また、「アリ型経営」は「ありがた経営」とも読み替えることができます。

ありがたく世の中や従業員に感謝して経営にあたること、これも「アリ型経営」の真髄なのです。

会社は法人という名のあなたの親父やおふくろだ

会社とは、社長はじめ社員とその家族を文句もいわずに養ってくれるありがたい親父やおふくろのようなものです。

ところが、子供である社長は、自分だけうまいものをたらふく食い、栄養過剰なのに、親である会社は痩せ細って、極端な場合、餓死(倒産)寸前という中小企業も結構見受けられるのはどうしたことでしょう。

法人税をケチって利益をあげないように操作するということは、詰まるところ、誕生(創立)以来年数が立ち、自立できるようになったのに、苦しい時に世話になった親に感謝の心もなく、遊びほうけている極道息子と同じといっていいのです。

中小企業の経営は、景気に左右されます。今年、利益が出たからといって、未来永劫に会社が伸びていくということはないのです。

利益の出た時は、社員に一部還元したら、残りはしっかり親(会社)に留保金として預けましょう。払うべき税金はしっかり払って、わが社も世の中に貢献しているぞ、と胸を張ろうではありませんか。

中小企業は個人も会社も一蓮托生だ

法的には、たしかに株式会社の出資者は自分が出資した額の範囲内で会社に責任を負えば良いということになっています。

しかし、現実には、中小企業の場合、ほとんど例外なく経営者が個人保証をして資金を調達しているわけで、会社が倒産する時は、個人も当然破産するというパターンが常識で、なんら個人経営と変わらないわけです。

これだけでも、会社に利益を留保せず、個人資産を厚くしておけば安心だという理論が、いかにあやふやなものであるかおわかりいただけるはずです。会社が資金不足で銀行枠一杯の時は、個人の預金から貸しつければいいのだ、という考え方もあるでしょう。しかし、会社に信用のない状態の時は、すでに個人資産も枯渇していることが多いのです。

個人貸しつけや役員やの給料カットで、何とか命脈をたもっている経営者を私は何人も知っています。

会社を経営している限り、利益のあがる時もあるはずです。いざという時にそなえて、会社に留保することを忘れてはならないのです。

私の会社は、コツコツと会社に留保していたおかげで、不景気にも貸し渋りなど、どこ吹く風の経営を続けさせて頂いています。これからも、景気の動向には関係なく、バランスの取れた経営を心がけていくつもりです。

会社と個人とは、ヤジロベエの両手に例えられます。どちらか片方に資金がかたよることのないように、バランスを取って共存していくのが、会社と経営者のベターな関係なのです。

会社には社長の次位の待遇をしろ

戦国時代、秀吉が石田三成に、水口四万石を与えた時、三成は当時の名だたる兵法者であった島左近(勝猛)を、一万五千石で召し抱え、秀吉を感心させたという有名な逸話が残っていますが、私は、社長と会社の関係も、三成と左近の関係と同じだと考えています。

つまり、不景気や突然の経営上のアクシデントに負けない強い企業体力を蓄えるためには、会社そのものを筆頭家老(副社長、専務)と考え、社長の次の待遇(利益の蓄積)をするべきだと考えるのです。

島左近は、その後、忠実に三成に仕え、天下分け目の関ヶ原の合戦では敗れたとはいえ、その勇猛ぶりを長く後世に伝えられ「三成に過ぎたるもの二つあり、島の左近と佐和山の城」とまで詠まれました。

経営者にとっての最後の砦は、自分と家族の次には、会社しかないということを、平時よりしっかりと心がけておきましょう。

株主には配当金で還元しなさい

中小企業の出資者は、経営者一族であることが多く、株主の中にははじめから配当金など期待していない人もいます。しかし、利益が出た場合、出資者に配当で報いるのは経営者の当然の義務なのです。配当金は、法人税を支払った後の利益処分であり、節税にもならず、社外流失する資金です。

配当などやめて、将来に備えてしっかり蓄積をする方が、あるいは得策かもしれません。とはいったものの、同族会社の場合、税引後の内部留保金が一定額を越えた場合、さらに留保税を課せられることになっており、利益の蓄積にも限度というものが、あるようです。

私の会社では、昔は留保税を支払っていたのですが、そこまでする必要はないことに気づき、定額を越えた分は、配当金として株主に還元することにしました。

私の会社は、私が64%、副社長が36%の株式を保有していますので、景気の良い時は、かなりの配当を手にすることができました。

いずれにしても、配当は株主にとって有り難い臨時収入です。ふだん、半分の法則で慎ましい生活をしている私ですが、配当金が入った時は、家族旅行などで家族サービスをすることにしています。

あなたの会社も自社の基準を設けて、きちんと配当することを検討して頂きたいと思うのです。しかし、あまりに多額の配当をしていると、株式の評価額が高くなり、相続の時に遺族が泣くことになりますから、注意が必要です。

何ごとも度を越しては失敗します。相続税なども視野に入れて考えて頂きたいのです。

不労所得が入った時は、パーっと使ってしまいなさい

人間、たまには嬉しいこともあるもので、自宅の倉庫でホコリをかぶっていたガラクラの処分に困って、業者に引き取ってもらうことにしたら、結構なお宝で臨時収入が転がり込んだり、ボロ株が吹いて儲けが出たり、暇つぶしにギャンブルで儲かったりすることがあります。事業でも、とても商売になるまいと諦めていた時代遅れの在庫に、とんでもない骨董的プレミアムがついてボロ儲けとなった人もいますし、宝くじに当たって、突然羽振りのよくなった人もいます。しかし、いずれにしても「不労所得」いわゆるアブク銭は身につかないのが普通です。

先祖伝来の土地を手放して、大金を手にした人が、取り巻きをつれて放蕩の限りをつくした結果、みじめな最後を迎えるという話はどこにでもあります。

かって、私の会社に勤務していたある従業員さんは、現在はビジネス街となっている一等地で、かっては農業を営んでいました。そのまま、再開発の話などなければ、幸せな人生をまっとうできたのでしょうが、思わぬ大金を手にした彼は、なれない事業に手を出して失敗。最後

は、ヤクザに終われて逃げ回り、気の休まる時のない人生となってしまったのです。

人間、何が幸せかわからないものです。臨時収入があった時こそ真価が問われるのです。私は日常懸命に働いて得た金は、公私ともに半分の法則に照らして、きちんと管理しなさいと提唱しています。

宝くじの当選金や土地売却益など、大金が入った時も、この原則を適用するのは当然です。しかし、ちょっとした臨時収入なら、半分の法則など無視して結構です。商売で得た金なら従業員とパーッと使ってしまうのです。

個人的臨時収入でしたら、家族とうまい物でも食べにいったり、旅行などで羽をのばすのです。何もかも溜め込んで、死後膨大な財産を遺族に残しても、かえってトラブルの種を巻き散らすだけです。アブク銭などはじめからなかったと思って使ってしまったほうが身になりますし、ストレス解消になるのです。

「数字が読める」と「数字に強い」は同じではない

経営書には、ほとんど例外なく「会社の数字を読んで、分析し、早めに手を打つこと」が経営の基本だということが書かれています。

たしかに、そのとおりなのですが、中小企業を見ていると、必ずしも数字の読める経営者が成功しているとはいいがたいのです。

営業畑、技術畑出身の経営者の中には、決算書など見たこともないという人もいます。それでも毎年実績を上げて、高収益の会社もたしかに存在します。

反対に、経済を専攻し、専門知識を持って事業をはじめたはずの経営者の中にも、放慢経営で倒産する人もいます。もちろん経営とは、総力戦ですから、経営者が数字が読めなくとも、しっかりした番頭さんがいれば問題ないのでしょうが、それだけでは、この差は理解できません。

種明かしをすれば、前者は、数字が読めなくても、感覚的に入金と出金とのバランスをとって高収益をあげているからです。後者は、学問的に数字をとらえていただけで、実戦がともなわなかったのがその原因です。

江戸中期、倒壊寸前の米沢藩を救った、名君の誉れ高い上杉鷹山公もいっています。「経営とは、入るを計り出るを制することなり」と。

数字は、読めるだけでは意味がありません。実戦に活かす「数字に強い」経営者にならなければ、会社は成長していかないのです。

決算書は経営者の通信簿だ

中小企業経営者の中には、決算書など税理士にまかせて、見ても「何のことかわからない」人もいますし、決算書を無視する人も結構存在します。しかし、立派に事業を営んでいる経営者は、決算書など分析しなくとも、動物的カンに優れていて、自然に経営センスが備わっているものなのです。

また、スラスラと分析できても、実務に活かせなければ、決算書は、役所などの指名願い等に提出するための一書類にすぎません。しかし、だからといって、後継者が決算書無視でよいということは絶対にないのです。決算書無視の先代は、長年の経験で経営センスを身につけてきたのです。

後継者には、まだ経験というものが足りません。これをカバーする役目を果たすのが、決算書という通信簿の活用なのです。決算書を分析すると、会社の実態が数字で浮かび上がってきます。自社の実力も、ウイークポイントも手に取るようにわかるものなのです。

決算書無視の後継者は、レーダーを持たない飛行機のようなものといってよいでしょう。

詳しいことは「専門書」で勉強して頂くとして、ここではポイントだけを説明しておきたいと思います。

まず、会社が儲かっているかどうかという収益性ですが、経常利益の大きさや「経常利益÷売上高×１００＝売上高経常利益率」で分析し、５％が製造業の平均といわれています。

会社の資金にゆとりがあるかどうかという健全性は、

①自己資本÷総資本×１００＝自己資本比率（40％以上あれば良好）

②流動資産÷流動負債×１００＝流動比率（１５０％以上あれば良好）

等で分析します。

会社が伸びているかどうかという成長性については、総資本が増え続けているか、未処分利益が増え続けているか等で総合判断します。

従業員が効率良く働いているかどうかという生産性は、

③売上高÷従業員数＝一人当り売上高（製造業で平均２６００万円）

④経常利益率÷従業員数＝一人当り経常利益率（大企業で平均３００万円）

等で分析するのです。その他、負債比率や固定費率等分析をかかさないことです。

税務調査が怖いようでは、まだ半人前の経営者だ

納税は国民の義務ということになっています。しかし、できることなら一円でも納めたくないというのが、経営者の本音ではないでしょうか？

法人税は申告納税方式で、正確な申告がなされていればそれで終了のはずです。ところが、税務署がそうやすやすと認めてくれるはずもありません。

流動比率や当座比率、人件費比率、経費率など、実に細かい効率チェックを実施して、あやしいとにらめば確実に税務調査が入ります。

また、急激に伸びている成長企業にも、指導の意味で調査が入るものです。税務署は、調査官の数も限られていますので、効率的な調査を行うために、会社を過去の現地調査等の実績からランク付けをしているのです。各ランクに応じて重点的調査を実施しているのは、いうまでもありません。

ランクは公表されるものではありませんから、「自分の会社が、どの程度のランクに登録されているのか？」などということは、一切わからないことになっています。後継者の皆様は、

好むと好まざるにかかわらず、先代の時代のランクづけからスタートすることになるわけです。

税務者が「優良申告法人」のお墨つきを与えている企業には、正直いって税務調査など事業継承のあいさつ程度にすぎないのが普通なのですが、過去のランクが下位の評価の場合、根ほり葉ほりやられるのは覚悟しておかなければなりません。

先代に過去の修正申告の状態などを聞いておけば、だいたいのランクなどつかめると思います。税務調査については「本格的指南書」が多数書店に並んでいますので、勉強しておくにこしたことはありません。

しかし、本来、まともに経営している限り、税務調査など怖かろうはずがないのです。効果のある適切な節税をしたあとは、堂々と申告して納税しておけば良いのです。それが、会社を伸ばすための近道であることは、既に述べたとおりです。調査の時は、多少の修正申告に応じて、調査官に「お土産」を持たせるのが礼儀だというようなことが、経営者仲間で良くいわれますが、私の会社は前回の調査の時、一円の修正もしませんでした。

以後、「優良申告法人」の下の方にでもランクづけされたのかどうか知りませんが、以後10年以上、簡単な調査票が郵送されてくるだけで、調査など一切ありません。

税務調査は、タダで国が実施してくれる会計監査だと思うくらいになれれば本物です。

同業者との比較地獄に陥るな

経営者は、ライバルである同業者の動向が気になるものです。もちろんお互いに、いい意味での競争をすることは、悪いことではありません。しかし、前にもふれましたが、経営者同士の比較の対象が、売上の大小にかたよるのが問題なのです。

あなたの周りの同業者をよく観察してみてください。たしかに、売上高と収益のバランスの取れた優良企業も存在するでしょうが、多くの同業者は、売上高に比較して利益は驚くほど微少ではありませんか?

利益のでない会社など、たとえ何百億円、何千億円の売上を計上していようと何の意味もないのです。物事の比較は、一面だけ見て判断することは避けねばなりません。

また、相手が、たとえ収支バランスの取れた優良企業であったとしても、その実態は、内部紛争でガタガタしていたり、経営者本人が不健康で、後継者が手におえない道楽息子だったりすることも多く、視点を変えると、比較すること自体が馬鹿馬鹿しくなってくるものです。

あなたの会社は、あなたの会社なのです。同業各社と比較して悩む必要などまったくありません。設立年も、資本も、経営者の前歴も、違うもの同士で競争することなど何もありません。

同業者が自社ビルを持っていようと、都心の一等地のオフィスビルに事務所を構えていようと、何百人従業員がいようが、あなたには一切関係ありません。まして、ライバル会社の経営者が、あなたより年長だったとしたら、平均寿命からみて、あなたが勝ちの残る可能性が高いのはいうまでもありません。

自社と同業者を比較して、あれこれ思い悩むのは精神衛生上良くありません、あなたは、外部に心を奪われることなく、自社に心をよせて経営に当たるのが正解なのです。わが道を行けば良いのです。

「あの頃は良かった」などと過去にこだわっているようでは進歩がない

商売は、良い時も悪い時もあります。しかし、経営者が過去に成功を納めたり、儲けたりしたことを、いつまでもなつかしんでいたのでは先に進みません。

不景気な時には、過去の経営手法が通じないのが普通です。余力のない会社は、発想の転換を計って、斬新なアイデアと行動力を発揮するしかありません。しかし、余力のある会社でしたら、不景気の波が収まるまで、じっと耐えることも検討するべきでしょう。

景気の波は常に循環しており、永遠に不景気が続くなどということは決してありません。年商や利益が一時的にダウンしたとしても良いではありませんか。過去の栄光にとらわれずに、焦らずじっくり待つことも経営者の仕事なのです。

かっての円高不況のころ、私の会社も売上ダウンとなり、先行きに不安を感じたことがありました。私はじっと我慢の子を決めこみましたが、同業の数社は、営業マンの増員、営業所の拡張など積極策を講じた結果、無理がたたって倒産してしまいました。結果的に無策だった私の会社に、倒産会社の仕事や人材が転がりこんでくるという皮肉な結末となって、不景気は終わりを告げたのです。

不景気の時は、無策も策のうちなのだということを知っておいて損はありません。歴史に名を残した偉人でも、生まれてから死ぬまで栄光に包まれていた人などおそらく一人もいないでしょう。平清盛しかり、ナポレオンしかりです。

札幌農学校(現北海道大学)で約一年間、教べんを取り、帰国にさいし有名な『青年よ大志を抱け』の言葉を残した、あのクラーク博士は、アメリカに帰国後、大学経営や鉱山経営に失敗し、膨大な借金を背負って他人に迷惑をかけたまま、失意のうちに世を去ったのです。

だからといって、日本で残した偉大な実績に傷がつくわけでは決してありませんが、ここでいいたいのは、歴史に名を残す偉人ですら、輝く時も失意の時もあったということです。

一経営者にすぎない我々が、景気の波に翻弄されるのは当たり前なのです。過去の栄光は栄光として、しっかりと現実の足元を見つめようではありませんか。

宗教万能症や占い依存症は怖い病気だ

経営者の中には、真面目に努力を重ねていても、失敗ばかりの人がいるかと思えば、たいした努力もなしにトントンと成功していく人もいます。

実は、運がいいということも、経営者としては欠くべからず要素の一つなのです。

非科学的な運などで、未来が決まってはたまらないという人もいるでしょう。しかし、コンピュータ全盛のこの時代にも社長室に神棚のある会社は多く、神社仏閣のお札が、うやうやしく祭ってある会社はいくらでもあります。都会の高層ビルの屋上に神仏が鎮座していても違和感は感じないものです。

経営者は、意外に神仏への畏敬の念の強い人が多く、大手企業経営者の中にも、自分の信仰する宗教の理念を活かして経営を続け、成功した人がいます。倒産してしまいましたが、かつて、一世を風靡した、ヤオハングループの総帥和田一夫氏などその好例でしょう。

アメリカでは、キリストの教えを経営に活かすのは当然と考えられており、運を呼び寄せるためには、宗教の持つ深遠な世界に日頃から心を寄せて生活するのもいいかもしれません。

しかし、一つだけ注意してください。それは、宗教や占いに傾倒して自主性を失ってはいけないということです。一歩間違えば、命とりになるのです。

下関の地場名門水産業者A社のF社長は、ある新興宗教に傾倒したあまり、商売に信仰を持ち込み、取引先に「入信しないと取引を止める」「お布施料をマージンに上乗せする」といった公私混同をはじめて倒産しましたし、宗教団体にお布施を寄進して全財産をなくした経営者は多いものなのです。

自分の会社を倒産の危機に追い込んだり、家族を泣かせたりすることは、決して神仏の道にかなうことではありません。

また、従業員や取引先に特定の宗教を強制するなどもっての他です。正業に励み、従業員とその家族の幸せと自社の繁栄を祈り、税金等で社会に貢献していくこと自体が神仏の道にかない、ひいては運を呼び込むことになるのです。決断する時や迷いに迷った時には、占いをするのも結構ですが、参考にとどめ「半分の法則」に照らしてあなたが自主的に決断するのです。

たしかに、先天的にその人の宿命は決まっているのかも知れませんが、運というものは神頼みではなく、自分で力一杯引き寄せるものなのです。

たとえ親兄弟といえども絶対に保証人になってはならない

いつの時代にも保証人倒れの人はいるもので、あなたのまわりにも田地田畑を手放したり、一財産なくした人はきっといるはずです。

今も昔も保証人倒れになる人は、なぜか優しい人柄の好人物が多いもので、そういう人が善意で保証人を引き受けたばかりに、相手に裏切られて、奈落の底に沈んでいくのを見るのは、傍から見ていても辛いものです。

しかし、外面が良く、人の話をすぐ信用して、断り切れない人は、単なるお人好しであって、経営者としては三流だということを覚えておいてください。

私は20歳の時に、実の父親に勝手に実印をくつくられ、保証人に仕立て上げられて莫大な負債を背負った経験を持っています。家族を捨てて出奔した父のこの仕打ちには、涙もでなかったものです。

これなどは特異な例で、他人ならいざ知らず、世話になった親兄弟や親戚の保証人依頼をむげに断ることは、人の道に反するのかも知れません。しかし、親兄弟や親戚の保証人になって共倒れとなった経営者は、結構存在するのです。

コンピュータソフト会社のS社長は、実家の酒屋の保証人となって自分の会社を倒産させました。遊び人の弟の事業に介入したばかりに保証人倒れになった、家具製造業のT社長など、いくらでも例をあげることができます。

家族の情と会社経営とは別物なのです。決して良い格好などして保証人など引き受けてはいけません。かわいそうと思うなら、無理でない程度の金品を差し上げるべきです。その場合、後で返してもらおうなどと甘い考えを起こしてはならないのは当然です。

自分自身が堅実経営に徹して、公の機関以外に保証人を必要としない企業体質にしておくことは、いうまでもないことです。

ゴルフはスコアではなく、払った金額をメモしておけ

ゴルフは経営者の好みの一つといってよく、二代目経営者もゴルフくらいは覚えておいても損はありません。しかし私は、シングル級の二代目経営者とラウンドすると、自分のヘタさかげんは棚に挙げて「この人大丈夫かな？」とよけいなことを考えてしまいます。

いかに運動神経抜群とはいえ、シングル級の腕を維持するためには、膨大な金と時間を要することでしょう。仕事にそれだけの情熱を傾けられれば、素晴らしい経営者になるでしょうが、若いうちからゴルフと経営を両立できるほど、世の中は甘くないのです。

20年程前に、あるシングル級の二代目経営者に「ゴルフをうまくなろうと思ったら、会社でも毎日クラブを握ることですよ」とありがたい（？）講議を受けたことがありましたが、その経営者は、オーナーの長男であったにもかかわらず、社長就任二年で自分の会社から追い出されてしまいました。

経営者がゴルフのスコアを気にするのは、事業が押しも押されもしない状態になってからでも遅くはありません。当分、ゴルフは健康管理とつき合い程度にとどめて、事業優先で邁進す

るべきなのです。

会社の金でゴルフをするなら、一人前にスコアなどをメモするのではなく、ゴルフ場に支払った金額をメモしておいてください。年間にいくら会社の金を使ったか一目瞭然となります。

ゴルフ場で一回ラウンドするために、いったいいくらの売上が必要か、経営者であるあなたは当然知っていなければなりません。二万円支出したとして利益率３％で計算しても、実に66万円の売上を消費したことになるのです。

しっかりとした基盤の会社ならともかくとして、赤字会社や吹けば飛ぶような中小企業の二代目が、膨大な金と時間を使ってゴルフがうまくなろうとすること自体が、既に信号無視なのです。

ゴルフに限らず、飲食料金なども売上に換算して、常にチェックする癖をつけておけば、ムダな出費は当然押さえられるのです。

会社を潰す時はモタモタせずにさっさと潰しなさい

事業を継承したばかりのあなたに、会社を潰す話など縁起でもないといわれそうですが、懸命に努力しても、会社というものは、いつか寿命がつきる時がくるのです。幸い先代は、無事にあなたにバトンタッチができましたが、あなたが次の世代に上手にバトンを渡せるかどうかは、誰にもわからないのです。

時代に合わなくなった商売は、これからドンドン潰れていきます。時代を見て、先手を打っていく経営者が生き残れるかといえば、いちがいにそうともいえません。先行投資や研究開発費に膨大な出費をしたあげく倒産する会社も後をたたないのが現実です。ひとえに、経営者である、あなたの経営手腕に、あなたの家族と全従業員とその家族の将来がかかっています。

経営者は将来が読めなければなりません。努力しても赤字の連続、製品が売れない、社内の雰囲気が暗い、街金融に手を出さなければ運転資金が回転しない等倒産の前兆が見えてきたなら、傷口が大きくなる前に会社をたたむ覚悟をする必要があります。

私の会社にも、倒産社長が何人も努めていますが、彼等が共通していう言葉、それは「もっと早く会社を潰しておけば、こんなに借金づけにならずにすんだのに」ということなのです。

誰しも、自分の会社を潰したくなどありません。最後の最後まで望みをたくしてがんばりたいのが人情でしょう。しかし、非情なようですが、潰れかけた会社に喜んで支援してくれる人などいないのです。取引先や銀行など、手の平を返したように冷たくなります。私も父の倒産を経験していますが、最後のギリギリまでがんばった経営者とその家族、従業員は本当に惨めなものです。

余力を残し早めに会社を潰す。これも経営者の心得といえるのです。

最近は倒産に関する書物もたくさん書店に並んでいます。

自分の会社とは関係のない話だ、などといっていないで、他人の失敗から学んでください。

好調な時でも、いざという時を想定して、常に危機管理を忘れない、これが賢明な経営者なのです。

第5章

労務管理を徹底的に学べ

「社長」と「シャチョウ」とは違うのだ

世の中には、あらゆる分野でのその道に精通した人格者が存在します。そういう人々を私達は心からの尊敬の念を込めて「先生」と呼びます。

しかし、政治家や教師といわれる人、官僚、社会的リーダーの中には、社会的地位があるにもかかわらず、言動の不一致や自己中心的考えの持ち主も結構存在して、そういう人々は世の中から「センセイ」と侮蔑的に呼ばれています。

経営者の世界では、社員や取引先から心からの尊敬の念を持って「社長」と呼ばれている人ももちろん存在しますが、本人が気がつかないだけで、実際は「シャチョウ」と侮蔑的なニュアンスで呼ばれている人も、結構いることを知っておいてください。

ゴルフ三昧で社業放棄の経営者、「失楽園」状態の経営者、ギャンブル好き人間の経営者はいうまでもなく、慢性的赤字で平気な経営者や「自分さえ良ければ従業員などどうでもいい」などという自己中心型経営者は、たとえ社業が好調であったとしても、「シャチョウ」さんにすぎないのです。平日に社業放棄で、連日ゴルフに精勤してシングルになったとしても、それが何になるのでしょか？

経営者は、経営が本職でなければなりません。少なくとも、社員から飲み屋さんの客引きなみに「シャチョウ」などど呼ばれて悦にいっているようでは、経営者失格なのです。ついでながら、引退して会長さんとなった先代も「カイチョウ」などという名誉職をたてまつって遊ばせていては、会社の損失です。しっかり「会長」さんをこき使うべきです。

人間はカタカナなどで呼ばれるようになると、生きる目標を失って、年齢にかかわらずボケてくるのです。

あなたには、プロの「社長」をめざしてがんばるという目標があります。安きに流れる世の「シャチョウ」さん達とは、その信条において絶対に一線を画して頂きたいと思うのです。

経営者は目標を従業員に提示しろ！ そして先頭に立って燃えるのだ

従業員は、常に経営者を注目しています。経営者の社内運営に生活がかかっているのですから、それは当然なのです。

ところが、従業員のことを知らない経営者は、意外に多いものです。従業員管理ということに関しては、うるさい経営者もいますが、それは業務上のことであって、従業員を知っているとはいえません。

伸びている中小企業の経営者は、必ずいってよいほど、従業員のことを大切に考えているものです。

経営者が従業員の仕事の内容はもちろん、奥さんや子供などの家族構成、長所、短所、悩みごとといった私生活まで掌握していて、家族の病気などのきめ細かい配慮をかかさず、従業員との絆がしっかりしている企業は、不景気に強い体質を備えているといえるでしょう。しかし、それだけで事業が伸びていけるほど、世の中は甘くないのです。

中小企業経営者の中には、事業計画など作成しない会社も見られます。中小企業にとっては、役員会や株主総会など家族会議の延長ですし、長年の従業員との信頼関係があれば、そのようなものは、あるいは必要ないのかもしれません。

しかし、「目標は漠然と経営者の頭の中にある」というようなことでは、企業は伸びていかないのです。何も難しい事業計画など作成する必要はないのですが、経営者は、年度始めには、必ず今年の目標を紙に書いて従業員に示すべきなのです。

たとえば、今年の売上目標は○○円、経常利益目標は○○円だ。だから、目標達成のためには、月額○○円の売上が必要で、経費はこれだけしか使えないのだ、くらいのことは提示しなければなりません。

売上目標を提示するのはともかく、利益目標など提示するのは気が引ける、などと考えているから業績が伸びないのです。企業の最終目的は、利益確保にあることを従業員に知らしめる必要があるのです。

そして、目標達成した暁には、必ず従業員に褒美を与えなければなりません。それも一年などという長いスパンではなく、できれば毎月実施したいものです。

私の会社を例にとると、月額売上高が目標額を突破すれば、毎月特別報奨金を給与に加算しています。営業マンは3万円加算、他は2万円加算が基本で、さらに目標を100万円突破するごとに1万円を加算することにしています。その他海外旅行や特別賞与など、報奨をきめ細かく決めて、目標達成に対する執念をかきたてているのです。

事業計画を作成する時は、従業員をまじえてワイワイガヤガヤ意見を出させるのも一考です。とくに、報奨金を決める時は、目の色が違ってきます。

従業員は、上からの命令ではなく、自分たちの作った計画には文句なく従い、ヤル気を出すものなのです。

金魚鉢に金魚は何匹飼えるだろうか？

祭りの夜店には、必ずといってよいほど、金魚すくいの店が出ています。私の知り合いの社長は、金魚すくいの日本チャンピオンだそうで、先日もテレビでその妙技を披露していました。

それはさておき、皆様は、子供さん達がすくった金魚を家に持ち帰られたら、どうされますか？金魚鉢にいれて飼われるのが普通ではないでしょうか？

熱帯魚なみにフィルターやエアポンプ等の設備があれば、かなりの数を飼えるものですが、通常の金魚鉢では、飼える金魚の数は限られてきます。飼える数は、せいぜい、2～3匹というところでしょうか。

この金魚鉢を会社にたとえてみましょう。仮にエアポンプつきの大型水槽は一流企業、金魚鉢は中小企業と考えてみてください。

設備の整った快適環境である大型水槽には、熱帯魚という魚界のエリートを何拾匹も飼える余力が充分あるのは当然です。しかし、快適環境とはいいがたい、金魚鉢である中小企業は、夜店の金魚をほんの数匹入れただけで、満員御礼となってしまいます。

ただし、私は金魚をけなしているわけでは、決してありません。金魚界にも一匹数百万円の超大物がいることはご存じのとおりです。ここでいいたいのは、中小企業が金魚鉢であることを忘れてはいけないということなのです。

あなたの周囲を見渡してみてください。企業規模が小さいにもかかわらず、利益を直接生み出さない役員や総務部門や管理部門に、多数の人員を抱えている中小企業は結構存在するはずです。

たしかに、内勤社員の多い会社は見栄えがしますし、いかにもビッグな商売をしている印象を第三者に与えます。しかし、それだけで良いのでしょうか?

採算度外視の経営者は、失格なのです。自社の金魚鉢の大きさを知らない経営者も金魚鉢に飼うことのできる金魚の数くらいは、知っておかなければなりません。適正以上の金魚を金魚鉢に入れたのでは、酸欠でいずれ全部死んでしまいます。企業でいえば、倒産への道を辿っているといえるでしょう。

私の会社は、直接利益を生み出す150名を超える警備員さんに対し、内勤者は私以下役員を含めわずか7名です。うち1名は非常勤役員ですので、実質6名で会社を運営していることになります。同規模の同業者の中には、15〜20名の内勤社員を抱えている会社もありますので、私の会社がいかに効率のいい経営をしているかお分かりいただけると思います。

経営者は金魚鉢を大きくする努力をかかしてはいけませんが、小さな金魚鉢のうちから、無理して金魚をたくさん飼ってはいけないのです。

参考までに、内勤人数の少ない分だけ、私の会社が仕事量が多くてきついのかというと、そうゆうことは決してありません。週休二日制は他社に先駆けて導入しましたし、定刻17時ジャストに帰宅させるようにしています。給与等も内勤者が少ない分だけ、他社より高給であることはいうまでもありません。

少数精鋭主義をとることが、中小企業の生き残る道なのです。待遇さえ良ければ、小さな金魚鉢にも自分から高級ランチュウ(高級金魚の一種)が飛び込んでくるものなのです。

経営者は、ヨーヨーの原理を知っておけ

皆様は、ヨーヨーをご存知だと思います。そうです、少量の水が入ったゴム風船を、ゴムひもで上下させて遊ぶ簡単な玩具のことです。コツをつかむのが上手な子供は、器用に何度でも遊べますが、何度やってもうまくできない子供もいるのです。このヨーヨーを経営に当てはめて解説してみます。

まず、手のひらを経営者であると仮定させてもらいます。そこで、ゴム風船を従業員と仮定します。経営者と従業員は、伸び縮みする伸縮自在の細いゴムひもで結ばれています。

さて、手のひらであるあなたは、従業員であるゴム風船を、ゴムひもを使って自由自在にあやつらなければなりません。あなたはどういうテクニックを使いますか?

ヨーヨーで遊ぶ子供には、二通りあるのです。ゴム風船の動きに手を合わせようとする子供。そして、ゴム風船には目もくれず、ひたすら手を上下する子供。

あなたは、どちらの子供が上手にヨーヨーで遊べるかわかりますか?そうです、スタンスを替えず、ひたすら手を上下した子供には、フラフラと所在なかったゴム風船が自然についてくるのです。反対に、手をゴム風船の動きに合わせようと必死になればなるほど、ゴム風船は左

右にふらふらと所在なく動いてしまうものなのです。

もう、おわかりいただけたと思います。経営者であるあなたは、しっかりとした意志とスタンスを持って経営にあたらなければならないのです。従業員のいうがままに態度を左右させていては、下手なヨーヨー遊びと同じで、ふらついたままで企業は終わってしまいます。

何ごとにも軸を動かしてはなりません。伸縮自在のゴムひもを使って、ある時はやさしくゴム風船に対処するのが、労務管理のコツなのです。伸びっぱなしのゴムひもや、ピンと張りっ放しのゴムひもなど論外といえるでしょう。

パーフェクトの人間など この世に存在しないことを知れ

日本の経営者の中に「自社の従業員が最高だ」といい切れる人が、果たして何人いるでしょうか? あなたも、内心では、自社の従業員に不満があるのではありませんか?

営業マンに対しては「もう少し積極性があったなら、もっと仕事が受注できるのだが」と考えたり、物づくりの現場では「どうしてこんなに動作がスローモーなのか」とイライラしたり、協調性のない従業員には「なんで他人とうまくやれないのだろうか」と悩んだりしていませんか?

他社の従業員は、自社と比較して粒ぞろいに見えていませんか?

しかし、小さいながらも、述べ1000名以上の従業員を使ってきた私の経験からすると同じような規模の会社の場合、経営者が思っているほど、従業員の質の差はないのが普通です。

人間の持って生まれた資質というものは、簡単に変わるようなものではなく、神経質な人は、神経質が身上でしょうし、呑気な人は、どこまでも呑気なものなのです。自社よりも、他社に優秀な人材が揃っているように見えても、本当は大差はないのです。ひょっとしたら、相手の会社の経営者が、あなたの会社の従業員を優秀と考えているかもしれないのです。

しかし、こういうことはいえます。従業員教育に力を入れている会社の従業員は「自信を持って仕事をしています」そして「今、自分が何をなすべきか」を知っています。

つまり、従業員の資質の差は同じだが、経営者の教育に対する熱意の差が問題といえるのです。従業員に不満を持つ前に、経営者は、従業員に対する教育方法と待遇改善に頭を巡らすべきなのです。

テレビの時代劇の「水戸黄門」を例にとっても、登場人物が超人的でパーフェクトな助さん、格さんだけでは、視聴者は退屈してしまいます。頑固で人情味あふれる黄門様や、うっかり八兵衛がいるからこそ、おもしろいのです。

経営者であるあなたも、欠陥だらけ人間ではありませんか? 欠陥だらけの人間が、お互いに欠けている所をおぎなって、何かを生み出していくのが世の中なのです。いたずらに不満を漏らすのではなく、従業員の長所を見て、短所を補う努力が経営者には必要です。

基本的には、人はだれしも「今のままの自分が満点」なのです。決して、自尊心を傷つけてはいけません。

経営者にとって優秀な従業員とは、資質もさることながら「クレームなしに効率良く働く従業員」に他なりません。人は皆、欠陥人間であることを知れば、経営者の心は軽いのです。

不思議なもので、経営者が自分の会社の従業員を悪く思っている会社は、不祥事が多発し、良く思っている会社は、幸運が舞い込むものです。

どのように表面上でとりつくろっても、心は通じてしまうのが、経営者と従業員の関係なのだといえるでしょう。

末梢的な事柄にとらわれていると本質を見失うのだ

世の中には、細かいところまで神経が行き届く人もいて、各分野で活躍しています。

しかし、経営者の世界では、あまりにも細かいことのできる人は、適正を欠くといわれています。几帳面な人は、机の書類が横を向いているだけでも気になるようで整理整頓に余念がありません。

経営者の中には、営業マンの一日の行動スケジュールを、分刻みで掌握していなければ、気の休まらない人もいます。また、労働基準法や関係法令にめっぽう詳しく、勉強を怠らない人もいます。

いずれも、それ自体は性格の問題であり、とやかくいわれる筋合ではないのですが、問題は、自らの主義を従業員に押しつけることにあるのです。

細かく管理されることは、最近の若い人にとっては、苦痛以外の何ものでもありません。「若い奴がすぐ退職する」などと嘆いている経営者は、たいていこのタイプなのです。

また、法律や規則で従業員をがんじがらめにしてしまって、息もつかせぬようにしては、従業員が萎縮して、存分に力を発揮できないのです。法律は守るのが常識ですが、社内規定や就業規則など、あまりにも細かい文言にこだわって規制するのは考えものです。経営者が規則の奴隷になって本質を忘れるほど、おろかなことはありません。

経営者は、働きやすい環境を整え、人の能力を最大限引き出して利益を出し、従業員や世の中に還元するのが仕事です。細かい作業は、各部署の責任者の仕事なのです。

経営者が、人事担当の仕事などにうるさく口をだしている会社は、伸びないのです。経営者は、自分自身が特定の分野のプロフェッショナルである必要はありません。全体を把握して方針を打ち出し、総合指揮を取るのが役目です。枝葉は従業員にまかせて、幹を見るのが正解なのです。

一日は端正な服装の点検からはじまる

武道、華道、茶道等、道のつく習いごとには、すべて基本の姿勢があります。それでは、経営の道における基本の姿勢とはいったいどのようなものでしょうか？ゼネコンの作業現場では、安全点検を朝礼で毎日実施しています。警察官等も装備品点検で気を引き締めています。

仕事というものは、同じことの繰り返しであり、それが熟練の技につながっていくものなのですが、マンネリ化が避けられないのも事実です。危険を伴う職場で、毎朝気を引き締め、事故のないよう安全確認をすることは重要な儀式であるとともに、職場の基本姿勢といって良いでしょう。

それでは、営業マンや内勤社員の基本姿勢とはどのようなものでしょうか？

内勤者は、外来者と対応する最初の社員です。その第一印象が、会社のイメージそのものと映るのは当然です。営業マンは、対外的にユーザーと対応しますので、あなたの会社を代表する顔といって良いでしょう。

もし、あなたの会社の営業マンが、不精ヒゲにボサボサ頭、ヨレヨレのワイシャツなどで相手の会社を訪問するようなことがあったとしたら、交渉相手はどう思うでしょうか？だらしない会社だと思われることは、まちがいないでしょう。場合によっては、仕事も解約になるかもしれません。

ふだん、端正な服装をしている営業マンも、夜ふかしなどしてシャワーも浴びず、前日と同じ格好で出社することもあるものなのです。同じように、女子社員が真っ赤な口紅や派手なイヤリングなどつけて事務をとっていたら、外来者はどう思うでしょうか？

もっとも、そのようなスタイルをとることが有効な職場も多いのですが、一般事務では常識はずれといえるでしょう。ＴＰＯに合わせた服装、態度、言葉遣いをしなければ、会社の評価はどんどん落ちてしまいます。

経営者は、内勤社員や営業マンが朝出勤したら、互いに服装点検するくらいの教育はしておきたいものです。

昔から「企業や家を見る時は、まずトイレから見ろ」といわれています。整理整頓された清潔な職場づくりも、重要な職場の基本姿勢といえるのです。

やる気を起こさせることも経営者の重要な仕事だ

経営者自身が有能な人であったとしても、それだけで会社が成長することはありません。個人の力には、おのずと限界があり、人間一人の力などたかが知れているのです。

経営者の経営能力は、従業員をいかにコントロールできるか？そして、その能力を効率良く最大限発揮させられるか？ということで問われなければなりません。

つまり、卓越した管理能力が問われているわけなのです。

それでは、従業員にやる気を起こさせるためには、経営者としてどのような心構えが必要なのでしょうか？

ワンマン経営者の中には、絶大な権力を握って、力による脅しで従業員に指図や命令をする人もいますが、そのようなことがいまどき許されるわけがありません。

そのような経営をしていては、従業員が経営者にこびへつらうイエスマンばかりとなってしまって、いずれ事業衰退の遠因となるに違いありません。

経営者が成功を勝ち取るためには、「従業員の支持がある」ことが一番大切なことなのです。

従業員の支持のない経営者は「張り子の虎」であって、いかに日頃いばっていようとも、ここ一番の勝負時に、その弱体ぶりをさらけだすものなのです。

それでは、従業員にやる気を起こさせるための方策を具体的に提示してみます。

①会社の経営方針を従業員に周知徹底させる
②経営計画作成に従業員を参画させる
③経営成績を公開して、優秀者を表彰する
④提案制度を採用して意見や要望が時期を失せず経営者に届くようにする
⑤職場ミーティングを頻繁に実施して、意見や要望を聞き、改善の参考とする
⑥職場ごとに毎月の目標と実績を管理させる
⑦目標を達成した時は、特別手当を支給する
⑧経営成績を賞与に反映させる
⑨休日や休暇を増やして労働時間を短縮する
⑩社員旅行やボーリング大会などを定期的に実施して親睦を深める
⑪職場リーダーに自覚を持たせるために、能力給を実績に応じて支給する
⑫忘年会や新年会の実施

⑬資格取得を奨励し、取得者には資格手当を支給する
⑭退職金制度や福利厚生事業に積極的に取り組む
⑮社内報に、経営者の考え方や従業員の提案事項を盛り込む
⑯同業組合や商工会議所などの表彰制度を活用して、積極的に推薦する

その他、方策は色々考えられますが、あなたの会社にあった「やる気を起こさせる方法」がきっとあるはずです。

何もお金のかかることばかりではなく、給料袋に入れるワープロ一枚の「社内報」でも、経営者と従業員の意志の疎通は、結構できるものだということを知っておいて頂きたいと思います。

営業部門を強化することは経営者の仕事だ

伸びている会社は、ほとんど例外なく強力な営業部門を持っています。しかし、資金力に限りがあり、社名の売れていない中小企業にとって、有能な営業マンを確保することは、至難の技といって良いでしょう。

また、自社で新規に採用した新人を、一人前の営業マンに育て上げるためには、膨大な時間と金を必要とします。

しかし、営業部門をおろそかにすることは、将来の事業の衰退を意味しますから、経営者としては、常に営業部門が働きやすい環境を整える努力をしなければならないことはいうまでもありません。

まず、経営者として手をつけて頂きたいのは、優秀な営業リーダーの確保です。営業リーダーとは、営業の要となって、自ら陣頭指揮をして仕事を確保するだけではなく、販売戦略や営業指導を企画提案して実行できる幹部のことをいいます。

先代と違って、後継者には、営業に不向きな性格の人も多いので、後継者は、まず第一章で説明したタイプ別に、自社の営業部門に対応する必要があります。もし、あなたが、卓越した行動力や実行力の持ち主でしたら、自分自身が営業リーダーとなって営業部門をグイグイ引っ張ることも考えてください。

このタイプの経営者は、部下を数字で追いつめて、反逆者を生む傾向がありますが、ワンマンを自制すれば、元来営業活動が好きな人が多いので、成功の確率は高いといえるのでしょう。しかし、経営者と営業リーダーの「二足のわらじを穿く」ことになりますから、肝心の経営がおろそかにならないように注意しなければなりません。

また、営業リーダーと営業マンとは違うのです。経営者が単なる営業マンになってしまってはおしまいです。

中小企業の場合、経営者自身が、第一線の営業マンとして飛び回っている会社も存在しますが、営業タイプの経営者の中には、なぜか「売上を伸ばすことが会社を伸ばすことである」と信じて疑わない人もいて、営業一筋で帳簿など人まかせにしてほとんど見ず、万年赤字体質で平気な人もいるのです。

営業部門や製造部門や総務部門等、社内のすべての部門を統括管理して利益を生み出し、社会や従業員に還元するのが経営者の仕事なのです。

いかに重要な営業部門とはいえ、経営者が一営業マンとなってしまって、本来の仕事を放棄するほど、愚かなことはないということを覚えておいてください。

次に、営業タイプではない後継者にアドバイスをしておきたいと思います。

すでに、先代からの有能な営業リーダーが社内にいるのなら、まず、彼の動きやすい環境を整備してください。そして、できる限り、彼の仕事に同行して、あなた自身が営業の実態を覚えるようにしてください。なぜなら、営業タイプであろうとなかろうと、経営者であるかぎり、トップ営業というものは一生ついてまわるからです。

また、いつまでも有能な営業リーダーが会社にいてくれるなどど甘い考えをおこしてはいけません。

年配者なら引退もしますし、若くして有能な人材であれば、当然野心もあり、先代ならともかく、二代目に義理はないのですから、独立開業などということも充分考えられるのです。

本来、営業リーダーというものは、営業マンの鏡であり、人格や指導力等申し分のないのが理想でしょうが、中小企業の場合、「天は二物を与えず」という諺どおり、私生活はデタラメだが営業センスは抜群、などという営業マンが、実績でリーダーに先代から抜擢されていることもあります。

そういうリーダーも、老練な経営者ならうまく使いこなせるのですが、後継者はそうもいかないことが多いのです。つまらないトラブルから後継者と口論になり、人材と仕事をごっそり持っていかれた会社は、結構存在するのです。

あなたの会社の営業リーダーが、誠実な人柄であるのなら、あなたもその誠実さに対応して絶対に裏切ってはいけません。しかし、不誠実なリーダーを引き継いだのなら、早急に手を打つ必要があります。つまり、彼が退職に至るまでに、しっかりと仕事を覚えさせるために新規に営業マンを採用したり、子がいの営業マンを育てなければならないことはいうまでもありません。

先代より優秀な営業リーダーを引き継がなかった後継者は、一からリーダーをつくる必要があります。

社内の人材不足で、新規採用することもあるでしょうが、その場合、どのような経歴の人間であれ、平の営業マンから始めさせなければならないのは当然です。

従来からの営業マンの身になれば、新規採用の人間が突然上司になることなどたえられないものなのです。まして、新規に取り立てた人間が能力に乏しい場合、経営者の威信そのものが失墜してしまうのです。

営業幹部に限らず、総務、管理、製造各部門の幹部候補生を採用する時も、平社員からはじめさせなければならないことは、当然のことです。

いずれにしても、優秀な営業リーダーに率いられた営業部門が、会社に貢献することは間違いないのです。

功を急ぐな、待つことも経営者の仕事

経営者は、何事にも結果を早くだしたがるものです。仕事の受注状況がうまく進まない時など、「例の仕事の進捗状況はどうなっているのか」と営業の尻をたたく経営者も多く、営業マンがそのたびに冷や汗をかく、というような光景もよく見られます。

たしかに、受注にあまりにも時間のかかりすぎる案件は、何かあとひと押しが足りないか、ライバル会社の攻勢にあっているか、あるいは、単価等に問題があるのが普通ですので、経営者は早急に手を打つ必要があるのです。

しかし、精一杯の努力をして、「相手の決断待ち」の状態に入っている場合は、焦らないほうが得策です。最終局面で、経営者に追いつめられている営業マンは、何とか受注に漕ぎ着けたい一心で動きますから、相手の担当者に足元を見られて、最後の詰めの段階にもかかわらず、大幅な値引きなど無理難題を押しつけられることはよくあることなのです。

先日、私は労働問題のことでNHKテレビの取材を受けたのですが、わずか30秒程度の放映のために、東京からスタッフが福岡までこられて、準備も含めて撮影に一時間を要しました。営業活動なども、膨大な時間と労力の積み重ねであり、受注に至るまでの過程は、僅か30秒の放送のための、スタッフの時間と労力のようなものといえるのです。

貴重な時間と労力を使って、契約という果実が、すでにそこに実っているのですから、あとは熟成させてもぎとるまでの時間が必要なだけなのです。最終段階で、経営者が功を急いで、営業マンの尻をたたいたばかりに、半熟や腐れかかった果実しか収穫できなかったとしたら大損失なのです。

経営者は、営業の最終段階では、営業スタッフに全幅の信頼を置いて「待つ姿勢」に徹したほうが、良い結果が生まれやすいのです。

成約の暁には、営業スタッフに花を持たせて、経営者は脇役にまわることも忘れてはなりません。

口を出したくらいで、経営者が部下の実績まで横取りしたのでは、営業スタッフのやる気など、いっぺんに吹き飛んでしまうものなのです。

税理士や経理部門を無視する経営者は失格だ

営業部門など第一線から見ると、経理部門は、直接売上増大につながらない、いわば裏方的部門ですので、高校を卒業したばかりの女子事務員で、ことたれりとしている経営者は結構いるものです。

たしかに、事業規模の小さいうちはそれで充分なのですが、規模が大きくなってくると、そういうわけにはいかなくなってきます。

売上市場主義でも、業績はそこそこついてきますが、やがて限界が見えてきます。事業というものは、収益を得てはじめて成り立つものなのです。経営は、キチンとした経理処理を抜きにしては語れません。

片腕となる優秀な経理マンを抱えている経営者は、会社の実態を帳簿づらだけではなく、正確に数字で把握することができ、チェック機能を働かせて、的確な実務を遂行することが可能となります。営業一本で拡大してきた会社の中には、試算表など間違いだらけでずさんそのものの会計処理をして、本来確保していたはずの利益を、みすみすどぶに捨てている経営者すら存在するのです。

専門知識のある優秀な経理マンは、収益力のアップにかかせぬものであり、健全な企業経営を継続させるための要といえるのです。

また、顧問税理士の力量も、企業収益に大きな影響を与えます。脱税相談などはもっての他ですが、節税に大変な異能を持った税理士や、税務署との交渉などお手のものの税理士なども、探せば存在するものです。

ただ、一ついっておきたいことは、税理士は税務のプロであることは間違いないのですが、経営全般のプロではないということを知っていなければなりません。社員の人事相談や経営相談などを税理士にもちかける経営者も多いのですが、税理士は一般の会社勤めの経験などまったくないか、あってもほんの数年にすぎないのが普通です。実務の経験のない人に、的確な解答を求めること自体が間違いなのです。

税理士に畑違いのことを相談して、よけいな仕事に手を出し、失敗した人もいるのが経営者の世界の実態なのです。

税務相談以外のことは、弁護士や経営コンサルタントなど、その道のプロに相談すべきであることは、いうまでもないことです。

現場を知らない経営者は、従業員に造反されても仕方がない

事業が軌道に乗って組織がしっかりした会社は、経営者のやるべき日常の仕事は少ないのが普通です。朝礼が終わると社長室に引っ込んで、決済の判を押すくらいが仕事らしい仕事という経営者もいます。

しかし、先代がそうだったからといって、後継者が最初からそういう態度では、従業員はついてきません。経営とは、頭でするものではないのです。

中小企業の経営者は、常に現場サイドでものを考える癖をつけておかなければ、足が地についた経営とはならないものなのです。

聞きかじりの情報を鵜呑みにして、現場の実態と懸け離れた経営手法を取り入れて、従業員の猛反発を受けた後継者は多いのです。

後継者は、当分の間、背広を着て社長室などに座っていてはいけません。従業員と同じように作業服を来て、現場で汗と油に、まみれてください。

そういう経緯を経てはじめて実務にたけた一人前の経営者となれるのです。いずれ、社長室

に座ることになっても、暇ができたからといって、昼間から頭の中は「明日のゴルフコンペのこと」で一杯、などという三流経営者になってはいけません。従業員は、平日にゴルフなどに行きたくてもいけないのです。

口には出さずとも、心中「坊ちゃん経営者の道楽」がまたはじまったと思っているのかもしれません。

そういう細かい従業員の心のヒダを読みとれてこそ、はじめて経営者といえるのです。

「給料さえ遅配なく払っていれば、従業員は喜んで働くものだ」などと横柄に考えていると、従業員の造反を招くこともあるのが、経営の世界の厳しいところなのです。

平日にのうのうとゴルフなどできるのも、従業員が汗水たらして働いてくれているからなのです。感謝の心を忘れた経営者に、幸運の女神などほほえんでくれないのは当然なのです。

やる気のある従業員には、迅速に肩書きを与えなさい

徳川家康は、人心収らんの達人といわれています。彼は、関ヶ原の戦いの後、功績のあった大名に論功行賞をおこないましたが、豊臣恩顧の外様大名には辺境の地に大禄を与え、三河以来の直参の譜代大名には江戸の周辺に小禄を与えたり、外様大名監視の任務を与えて要所に配置するなど、実に巧妙な政策をとっています。

その結果、外様大名は大幅な加増となり、幕府に忠誠を誓うことになりました。微増にとどめた譜代大名には、幕府の要職を与えて、名誉欲をくすぐり、不満を押さえたのです。

小さな会社は、即断即決、軽快なフットワークが身上です。硬直化した大手企業ではワンランク昇進させるのにも大変な手続きが必要ですが、あなたが従業員に肩書きを与えるのは簡単なことなのです。

やる気のある有能な人材にはどんどん肩書きを与えましょう。銀行などでも、外回りの銀行員はたいてい「支店長付」などという名刺を持って歩いています。

とくに、営業マンなど、肩書き一つで相手の対応は違ってくるものです。大幅な昇給など不

可能な小さな会社が、従業員にしてあげられること、それが昇進なのです。とりあえず、部下なしの一人課長でも良いではありませんか。役が人をつくるということもありえます。

私は、役を与えただけで、人が変わったように大活躍をはじめた従業員を何人も知っています。もちろん役などいらないという人には、別の待遇を考えるのが経営者の手腕です。

しかし、それでも、役は与えないより与えたほうが良いのです。従業員は、故郷の同窓会などでは、ちっぽけな中小企業の肩書きでも、成功者扱いされているものなのです。できるところから従業員に還元するのが。経営者の道なのです。経営者自身が肩書き狂いになってしまってはおしまいですが、従業員には実績に見合った肩書きを与えたいものです。

経営者は、時には思いきった先輩従業員ゴボウ抜きの昇進発令をして、全従業員のやる気を引き出すことも必要でしょう。しかしその場合、昇進対象者が、従業員の誰もが認める逸材でなければならないことは、いうまでもないことです。経営者が一人を特別昇進させたばかりに、他の従業員の猛反発を受け、昇進させてもらった当人が退職せざるをえなくなったケースもあるのです。

迅速に、そして慎重に発令するのが、昇進発令者の勤めといえるのです。

信賞必罰とは、従業員だけが受けるものではない

人間である限り、失敗もあれば、間違いもあります。しかし、人は「成功したことよりも失敗したことから学ぶことが多い」のです。従業員が故意ではなく、懸命に努力した結果、会社に何らかの損失を与えたのであれば、経営者は、寛容の精神で問題を不問にするくらいの器量を発揮したいものです。

しかし、不問にするには条件があります、あなたは「ホウレンソウを食べなさい」という言葉を聞かれたことがあると思います。従業員より「報告、連絡、相談」を経営者が事前に受けることは、経営者の基本中の基本なのです。

経営者が、事前にホウレンソウを食べて決済を与えていた案件の最終責任者は、経営者本人に他なりません。失敗した当事者を責めることなどできるはずもないのです。

しかし、ホウレンソウを無視して暴走した従業員や、故意に会社に損害を与えた従業員に対しては、就業規則に照らして、解雇、減給を含む断固たる処置を早急に取らなければなりません。

ここで問題となるのは「管理者、監督者責任」です。問題をおこした当事者だけが責められる

ようなことがあっては、片手落ちであり、他の従業員に対するしめしがつきません。

問題を起こした当人の直属上司も、何らかの責めを負わなければならないのは当然ですが、見落としてはならないのが、経営者本人の責任です。教育の不徹底が、かかる事態を招いたのですから、経営者自身も責めを負うべきなのです。

不祥事発生の際、経営陣が丸坊主になって世間に詫びたなどという話もありますが、場合によっては、オーナー社長とはいえ、自分自身をクビにするくらいの覚悟は、平時よりしておかなければなりません。

社内での信賞必罰は、神ならぬ、経営者であるあなたが裁判官となって実行しなければならないのです。自分自身を茅の外において、従業員のみを裁くなどもっての他です。従業員に対する処置の軽重によって、経営者自身も一ヵ月の禁酒、禁煙くらいから、減俸、配当返上等、細かく処分を受けるのが当然と考えてください。この場合も「自分自身がこれこれの処分を受けた」と文書で社内公開し、誠実に罰を受けることを忘れてはなりません。

「失敗は成功の母」なのです。これを機会に、従業員との絆を確固たるものにできれば、多少の失敗など安いものではありませんか。そして、成功した暁には、従業員とともに、経営者も会社からほうびをしっかりと頂戴するのは当然なのです。

従業員の首をきるのも経営者の仕事と心得よ

経営者が従業員とのコミュニケーションを欠かさず、労使の絆がしっかりしている企業には不祥事が少ないのが普通ですが、それでも、経営者の世代交代等業務が煩雑な時には、降ってわいたような不祥事が、経営者を襲うことがあります。

先代が信頼しきっていた営業マンが、実は経理の女性とねんごろになっていて、毎夜、会社の金を持ち出して豪遊していた、などということが発覚して、大騒ぎになった会社もあります。

経験の浅い経営者は、こういう時に判断を間違いやすいのです。外聞を恐れて、内々ですまそうとする経営者は多いのですが、決してそのような対処でお茶を濁してはいけません。

私の会社に、外勤社員として勤めている元経営者のAさんは、現役の時に信頼していた経理マンに裏切られて、会社の金を使い込まれてしまった経験を持っています。

彼は、横領された金を長期の給与天引きで返済させることにして事件を内々で処理したそうですが、三年後、会社が左前になり給与遅配となった時、従業員の先頭に立って経営者であるAさんを吊るし上げたのは、何んとかつての横領男だったそうです。

恩も義理もないと、Aさんは今だにくやんでいますが、責められるべきはAさんなのです。経営者は、横領するような男に温情などかけてはいけないのです。どうせ横領された金など、戻ってはきません。貴重な社会勉強をさせてもらったと思って、即刻クビをいい渡し、告訴も辞さない態度を示すのが、経営者としてのとるべき態度なのです。

一人の従業員に温情をかけてしまうと、他の従業員に対してしめしがつきません。結局Aさんのごとく倒産に追い込まれて泣くことになるのです。

また、昨今の不景気で、やむをえずリストラをせざるを得ない中小企業もあるでしょうが、その仕事を人事担当者の部下にまかせて、経営者が逃げ回っているほど恥ずかしいことはありません。

従業員に泣いてもらうのですから、自らも苦悩して泣くのが当然なのです。逃げずに、自ら従業員に直接、いい渡さなければなりません。そうでなければ、いったん傾いた屋台骨は、元には戻らないものなのです。

「かわいそうだとか、家族はどうするのだろうか」などと考えてためらう経営者は、結局、最終的に大勢の人間を泣かせることになるのです。

経営者は年齢や過去の経歴で他人を判断してはならない

人生の先輩として年輩者を立てることは一般社会では、常識といってよいでしょう。しかし、若い二代目経営者は、少なくとも経営上、必要以上にこの常識に縛られる必要はありません。

人は、今年よりも来年、来年よりも再来年と、年齢を重ねるにつれて人生経験が豊かになり、それぞれに少しづつ人間的に成長していくのが普通なのですが、中には、年齢を重ねるたびに悪知恵に磨きをかけたり、楽をして稼ごうという安易な道をたどる人もいるわけで、単純に年輩者＝人格者と考えること自体がまちがいということを知っておいてください。

若い二代目経営者は、取引先の担当者等と親子ほど年齢差があると、何となく引け目を感じることもあるでしょうが、堂々と自己主張をするべきだと思います。

自分の会社の先代からの古参社員や、海千山千の契約先や取引先に、いいようにあしらわれる若手経営者は結構多いものですが、仕事上では、年齢差で萎縮などする必要はまったくありません。同時に、人間の経歴ほど当てにならないものはないのです。

たとえば、契約先の大手企業のやり手課長さんであった人が、途中で退職して、あなたの会社に鳴り物入りで入社したとしても、とんだ食わせ者であったりすることが良くあることですし、学校を卒業したばかりの素人が強力な即戦力になったり、10年以上在籍しているベテラン従業員にクレームがついたりすることもあるのです。

人相などでも、見るからに「悪人顔の悪党」もいますが、良家の子女然とした「美人詐欺師」や「善人顔の悪党」もいるのが世の中というものです。私が仕事上ご指導頂いている警察官の中には、失礼ながら、一見、泣く子もだまるこわもての人もいますが、実は正義感あふれる心優しい立派な刑事さんだったりするのです。

経営者が人を判断する時は、責任感や誠実さ、熱意、行動力、能力、企画力、指導力、協調性等で、冷静に判断しなければならないのです。

社風は経営者がつくるのだ

私は、仕事がら、多種多様な業種の事務所に出入りさせて頂いていますが、どのような会社でも、それぞれに雰囲気が違っているものです。

例をあげると、事務所に入った瞬間からピリピリした緊張感が漂ってくるA社は、勤務中に冗談の一つも言おうものなら、上司から大目玉を食らうのでしょう。事務員さん達は、ひたすら仕事に集中してつぶやきひとつ聞こえません。

B社は入った瞬間にザワザワとした雰囲気で、大声でどなる人もいるかと思えば、片隅で煙草片手の雑談に興じている人もありといった感じで、ずいぶんくだけた印象を外来者に与えます。

右の二例は、異業種と思われた方がほどんどでしょうが、実はどちらもビルメンテナンス業を営む同業者なのです。

読者の皆様は、A社の経営者は厳格な人物で、B社の経営者は楽天的でおおらかな性格の人物だと想像されたことでしょう。ところが、経営者の性格は正反対で、A社の経営者が、実は物事にこだわらない楽天的な性格で、B社の経営者が、常に隅々まで目を光らせる厳格なタイプの経営者だといったら驚かれるでしょうか？

この二人の経営者は、自分の性格の長所も短所も充分承知のうえで、自分の性格と反対の社風を長年かけてつくってきたのです。

A社の経営者は、ともすれば惰性に流れる自分に喝を入れるために、厳格な社風をつくってきたのです。反対にB社の経営者は、厳格すぎる性格が社の和を壊すことを恐れた結果、むしろ自由な社風を選択させたのだといえます。

とはいっても、本来の性格は、ところどころで顔を出し、A社の経営者はアフターファイブで本来の明るい姿を見せて、従業員の評判は上々ですし、B社の場合は、ふだん何もいわない経営者が、ここ一番の局面でハッとするような叱責を部下に食らわせて、社内に緊張感が走るといった良い効果があるのです。

二社ともに、業界では有名な優良企業であることをつけ加えておきます。

たとえは悪いのですが、「ペットは飼い主に似ます」社風とは、よくも悪くも経営者がつくるものであり、「従業員は経営者の背中を見ている」ものなのです。

明るい雰囲気の会社は不景気などに抵抗力がある

自分でいうのもおかしいのですが、私の会社は笑いのたえない会社です。朝から晩まで社長である私以下、冗談のいい放題で仕事をしています。

「そんなことで会社が成り立つのだろうか?」と思う人もいると思いますが、私はこれが地ですので、今さら、社風を変えることなどとうていできません。

長年、明るい雰囲気で経営を続けてきて良かったと思えることが一つあります。今でこそ流動比率400%をこえる優良企業?の私の会社ですが、創業当時は、明日をも知れぬ会社だったのです。私と副社長が、無給でがんばってもまだ資金繰りがつかず、従業員の明日の給料すら工面できない時もありました。

しかし私は、そんな時でも「リバイバルで『岸壁の母』という唄が、巷ではやっているようだけど、我が社も『岸壁の会社』という新曲を発表して売りだすか」などと愚にもつかない馬鹿話で従業員と大笑いしていたものです。

結局、その時の資金繰りは、銀行さんのご厚意で何とかなったのですが、「社長が悲痛な顔をして融資を頼みにきていたら、きっと貸さなかったでしょう」と後で銀行員にいわれました。何の担保も信用もない新会社に貸してくれる銀行なんて、あるはずもなかった時代でしたから、笑いの効用は充分あったといえるでしょう。

その後も、不景気で仕事がなかろうと、同業者がスイスイと業績を伸ばしていて我が社が低迷していようと、社内での笑いが絶える時はありませんでした。

あなたは「兎と亀」の昔話をご存じだと思います。兎は亀など問題にならんと、途中で昼寝をしてしまいましたが、実は亀の方も兎など問題にしていなかったのです。ひたすらマイペースで頂上をめざして、がんばった亀が最後の栄冠を勝ち得たのは、当然の結末といえるでしょう。

人の噂や成功談などどうでもいいのです。明日を信じて明るくがんばる者には、成功の二文字が必ず輝くものなのです。

さらに、寝ている兎をおこしてあげるくらいの度量ができれば、あなたは、最高の経営者となれるでことでしょう。

業績好調の時～社長は可能な限り高額の役員報酬を取れ
業績不振の時～社長はバッサリと自分の役員報酬を削れ

中小企業経営者の一番重要な仕事は、資金繰りです。資金繰りが一歩間違えば、黒字会社ですら倒産してしまいますし、借入のタイミング一つで、ビッグチャンスを逃すこともあるのが経営というものです。

経営者には、いざという時にいつでも、即必要なだけの金額を、銀行や公的機関から調達できるだけの才覚がなければなりません。そのために、利益を安定確保して、取引銀行や信用金庫等に預金したり、平素より金融機関に足を運び、人間関係を確保して信用を築いていくことは、もちろん大切なことですが、同時に個人的に取引金融機関に預金をしておくことも、忘れてはいけません。

個人預金というのは、いざという時に会社貸付金として利用できることはもちろん、担保としてもおおいに力を発揮する、重宝なものなのです。

ですから、業績好調の時は、可能な限りの役員報酬をとり、「半分の法則」に照らして、毎月一定額を取引金融機関に預金しておくことをお勧めします。すぐに引き出して私用に使ってしまっては意味がありませんので、「会社の金を預かっているのだ」くらいの心がまえは必要でしょう。そうすれば、金融機関に対して絶大な信用が生まれてくるのは、時間の問題なのです。

反対に、業績不振の時は、躊躇なくバッサリと自分の役員報酬を削るのです。

もともと「半分の法則」に照らして、好調な時の役員報酬の半分で生活しているのですから、少々のカットくらいで、あなたと家族の生活レベルが下がるはずもないのです。

経営者の中には、業績がダウンすると、管理職の賃金をカットしたり従業員の賞与を大幅カットしたりして、自分自身は痛みを感じない人も結構いるものですが、業績不振の最高責任者は、経営者そのものであることを知らなければなりません。

まず、真っ先に自分自身の報酬カットで甘えを断ち切らなければならないのです。そういう経営者には、従業員もトコトンついてきますから、会社の業績も自然に上向いてくるものなのです。

自分の趣味趣向を従業員に強制するな

経営者の中には、無類の酒好きもいて、なぜかそういう人は、従業員の慰安といえば、酒の席しか思いつかないものです。

たしかに、酒好きの従業員には、話のわかる経営者と好評かもしれませんが、中には仕事をはなれても、上司の自慢話や職場のつき合いに引っ張り回されるのはごめんだという人や、セクハラ上司に酌を強制されて、いやな思いをしている女子従業員もいるかもしれません。

仕事の面では、多少ワンマンでも強引でもいいのですが、アフターファイブにまで従業員に自分の趣味趣向を強制して、拘束してはいけません。そういう場合は、不参加の従業員には、何かしら別の慰安なり、金銭的提供をしてバランスを取るべきです。

少なくとも、協調性のない奴と、一方的に不参加者を差別することは、決して許されることではありません。経営者には、きめ細かな心遣いも必要なのです。

たまには息抜きに社員旅行もいいものだ

中小企業の現実は本当に厳しく、連続休暇など思いもよらない会社も多いものです。しかし、人間は働くばかりでは、精神的にゆがみが生じるばかりではなく、仕事もマンネリ化して能率があがらなくなってしまいます。

私は景気の良い時はもちろんですが、業績が低迷している時こそ、リフレッシュして発奮するため、社員旅行を実施するべきだと考えています。経営者と社員が同じスケジュールで行動し、寝食を共にすることは、職場では絶対に得られない連帯感を醸し出す効果があり、コミュニケーションを通じて会社の問題点も浮かび上がってきますし、旅行の効用は思いのほか大きいのです。

仕事がら、何班にも分けて実施しなければならない私の会社などでは、無用のトラブルを避けるため、気の合った者同士、あるいは、女子社員のみのグループなどに分けて実施していますが、場所や日数は全く同じ計画で実施して、分け隔てのないようにしています。

もちろん経営者である私もどこかのグループに入れてもらって、旅行を楽しむのは当然のことです。

経営者が、社員と同じ体験を共有することは、後々までも話題にことかかず、厚い信頼関係がうまれてくるものなのです。

最近は、激安ツアーもたくさんあって、私の会社でも「ハワイ」や「香港」などに国内旅行並みの料金で、気軽に社員旅行に出かけています。

旅費を経費で落とすためには、税法上海外旅行は現地四泊五日まで、参加人数は社員の50％以上と、細かい規定がありますので、私は特別手当てとして、旅行代金分を給与に上乗せして支給する方法をとっています。たしかに、税金分は本人負担となりますが、文句などいう社員は一人もいません。

また、都合で不参加の社員に対しても同額を支給しますので、不公平感は緩和されているはずです。

とはいったものの、景気が低迷している時にのんびり旅行などしている気分にならないのは当然でしょう。しかし、こういう時こそ発想の転換が必要なのです。近場の温泉一泊旅行などでも、結構効果はあがるものです。

不景気で暇なのですから「思いきって出かけるチャンス」をどうとらえるのも一考なのです。

創業者より後継者に贈る経営の心得帳

『伝国の辞』

市川善彦

1 見栄を張るな

a 半分の法則

給与10万の時は、5万で生活

100万の時は、50万で生活。残りは貯蓄。

会社も同じ。勝負をかける時は、半分の余力を残せ。

b 役職に恋々としない。役職は、見栄の最たるもの。

しかし、やってみなけりゃ、人の気持ちはわからない。

人間的な成長も、人脈づくりも期待できる。

要はいつまでもしがみつかず、退任の時期を失しないこと。公平な心がなく、見栄だけで、役を受けてはならないし、役が会社の用件に優先することもあり、弊害も多いのが役というものだ。

c たとえ親兄弟といえども、絶対に保証人になってはならない。

保証人になるのも、良い格好したがる見栄だ。何もかもなくして泣いても、笑われるだけだ。かわいそうと思うなら、幾らかの金品を差し上げろ。その場合、決して後で返してもらおうなどと甘い考えをおこしてはならない。

2 お人よしは、会社を潰す

外面がいい、断り切れない、人の話をすぐ信用する。これがお人よしだ。

人が儲け話を持ってきたら、まず、疑え。

徹底的に調査しろ。儲け話は、それを持ってきた人にとっての儲け話に過ぎないのだ。

裏をかかれてからでは、遅いぞ。

3 世の中に甘えるな

愚痴をいうな、恨みごとをいうな、人をやっかむな、すべて自分の責任だ。他社の成功を心から喜べる大きな度量を養え。

aビジネスは人助けでも、ボランティアでもない。

いざとなれば、得意先も、銀行も、友人も、何の役にも立たない。

業績の良い時は、人はチヤホヤもする。しかし、一旦下り坂になってみろ。たちまち手の平を返すのだ。それが世の中だ。

景気の良い時には、調子に乗らず、将来に備えて蓄積するのだ。

bチャンスには、果敢に挑戦しろ勝負時には、借金を恐れるな。

しかし限度がある。絶対に月額売上高の3倍以上の借入をしてはならない。それが実力の半分なのだ。実力以上の勝負をしてはいけない。余力を残す実力半分勝負。これが極意だ。

c失敗してもクヨクヨするな。

見込み違いで失敗することが、あってもいい。反省して、同じ失敗を繰り返すな。

d私生活がルーズな経営者は、失格だ

人は、とかく安きにつきやすい。社員は、経営者の背中を見ている。会社で偉そうなことを言っても、酒好き、女好き、ギャンブル好きで、家庭崩壊でだれがついてくるものか。

e遊びも知らない経営者はこれまた失格だ

概してエリートはストレスに弱い。反動で一旦快楽を覚えると、とことん墜ちていく。時には、遊びも息抜きも必要だ。要は、何ごともけじめが必要で、清濁合わせ飲む、大きな度量が必要なのだ。

f放慢経営をするな。私物化するな

会社の金を勝手に持ち出すな。

会社の数字を常に把握しておけ

各経営比率をおさえるのは当然だが、要は入るを計り、出るを制す。これが基本だ。

g自信過剰はやがて高慢となり倒産する

社会的評価が上がっても、そんなものは、たかが知れている。謙虚に、世の中のおかげで生かされていることを忘れるな。

h金があれば人は寄ってくる。それを俺は人望があるなどとうぬぼれてはならない。人を見抜く力が必要だ。

詐欺にあるのはこういうタイプの経営者が多いのだ。

i健康が一番だ。快食、快眠、快便、適度の運動。健康診断。

いつも、明るく楽天的に、夢と希望が必要だ。

j最後に一つ、同業者との比較地獄におちいるな。

売上が、多くとも青息吐息の会社もある。経営比率が良くとも、内部紛争で内情ガタガタの会社もある。何もかもうまくいって好調でも本人不健康で、後継者に恵まれぬ会社もある。

要は昨年よりも今年、今年よりも来年と、少しづつでも社員に還元できて、なおかつ留保金が増加していけばよいのである。

設立年も、資本もバラバラの会社が競争することなど何もない。

わが道を行けば良いのだ。

あとがき

最後までお読み頂きましたことを心より感謝申し上げます。

知り合いの経営者から後継者問題の相談を受けたのが、本書を書くことになったきっかけでした。

書店のビジネス書コーナーに足を運んで、中小企業後継者向きの本を探したのですが、経営学、帝王学といった大上段にかまえた本はたくさん並んでいても、日常の中小企業の実務とは少し離れている印象を受けたのです。

もっと、かゆいところに手の届く、初心者向けの本を求めた結果、たどりついた結論が「自分の体験を元に書いてみよう」ということだったのです。

本書は、どこにでもある小さな中小企業の経営者が本音で書いた本です。一般の帝王学の本とは異なり、後継者が、日常直面するであろう実務に主眼をおいています。参考資料としてお手元においていただければ、きっと今後の経営のお役に立つことと存じます。

もっと詳しく勉強されたい方は、東京のアスカビジネスカレッジで少人数制セミナー「市川式最強『社長』学校」にご参加ください。

市川善彦（いちかわ　よしひこ）

日本ガードサービス株式会社　代表取締役
福岡大学経済学部非常勤講師
中小企業大学校講師
福岡信用金庫総代
博多防犯協会副会長
博多警備業防犯組合長

1952年1月、長崎県佐世保市生まれ
1976年8月、24歳の時に起業、アッというまに自社ビル、社員寮、
自宅を無借金で建て、その後30年以上も無借金の超優良企業のオーナー社長。
東京のアスカビジネスカレッジ他、ビジネススクール3校、講演年間130回。

主な著書に
「入門　親から引き継いだ小さな会社の社長業」「私はこうして倒産寸前のオンボロ会社を資金繰り無縁の無借金会社に育てあげた」（いずれも明日香出版社）
「幸せを呼ぶ30個のダイヤモンド」（広文社）
「全社一丸　儲かる経営計画書のつくりかた」「小さな会社生き残りのルール」
「我謳!!」「実録! 小さな会社の『営業のすごいしくみ』」「幸せになる法則」
（いずれも長崎出版）などがある。

だれも教《おし》えてくれなかった社長業《しゃちょうぎょう》

2008年2月29日　初版第1刷発行

著　者　市川善彦
発　行　アスカビジネスカレッジ
〒112-0014　東京都文京区関口1-13-14　向井ビル4階
TEL 03-3513-0281　FAX 03-5213-0282
http://homepage3.nifty.com/abc-seminar/
発　売　長崎出版株式会社
〒101-0051　東京都千代田区神田神保町1-18-1　千石屋ビル4F
TEL 03-5283-3752　FAX 03-5281-2401
http://doremifa.net/nagasaki/
装　丁　目黒 眞（株式会社 ヴァイス）
印刷・製本　株式会社平河工業社